Le CRÉPUSCULE de leurs vies

L'ACCOMPAGNEMENT DE MES PARENTS EN FIN DE VIE ET NOS EXTRAORDINAIRES MOMENTS DE CONNEXION. MON TÉMOIGNAGE.

SONIA WEYERS

UN RÉCIT TOUCHANT permettant de se rendre compte de la difficulté d'accompagner la fin de vie de nos proches parents, mais également des leçons que cela nous permet d'en tirer à appliquer dans tous les domaines de notre vie.

***

J'AI ADORÉ CE LIVRE. Il est percutant et plein de sincérité. Il m'a permis de me poser des questions sur comment préparer la fin de vie de mes propres parents.

***

UN LIVRE BOULEVERSANT. Un témoignage qui renvoie chacun à sa propre relation parents-enfants et qui vient questionner notre amour inconditionnel. Jusqu'où sommes-nous capables d'aller pour accompagner nos parents jusqu'à leur dernière demeure ? Comment aimerions nous être accompagnés le moment venu ? Autant de réflexions que Sonia Weyers pose avec brio en nous partageant avec beaucoup de pudeur et d'humilité ces moments d'intimité lors des dernières heures de ses parents. **UNE ŒUVRE MAGNIFIQUE**.

***

L'EXEMPLE DE SONIA M'A BEAUCOUP AIDÉE face à la maladie qui a emporté mon frère en 6 semaines. Quand j'ai appris qu'il était hospitalisé, j'ai tout de suite capté que quelque chose d'anormal se passait. Je n'ai pas hésité à prendre la route pour aller le voir. J'ai su parler à mes sœurs, et nous avons été très soudés jusqu'à la fin. Nous avons vécu ces moments de grâce dont Sonia parle si bien. **SON TÉMOIGNAGE M'A DONNÉ LA FORCE D'AGIR ET DE TROUVER LES MOTS.**

* * *

UN TEMOIGNAGE POIGNANT mais pas larmoyant, réaliste et courageux, qui montre qu'on peut vivre des moments de bonheur même en fin de vie, côté patient (qui peut devenir impatient) comme côté aidant. Je trouve même que dans cette histoire vraie, le soutien est réciproque. **A LIRE ABSOLUMENT SI ON VEUT FAIRE FACE**, j'aurais aimé le lire il y a 20 ans, la 1ère fois que j'ai accompagné un très proche vers sa dernière destination.

* * *

Ce livre est **UN TÉMOIGNAGE EN TOUT SIMPLICITÉ.** Sonia décrit avec précision et fluidité le chemin et les étapes d'une "personne soutien" de ses parents. Des moments de doutes, des difficultés mais également des moments partagés avec humilité et respect avec les aidés et tous les membres de la famille. En tant que lecteur, nous cheminons avec elle, cela nous interroge, nous questionne et nous renvoie aussi à notre vécu... **UNE ODE À L'ACCOMPAGNEMENT JUSQU'AU BOUT DE LA VIE !**

* * *

UN LIVRE À LIRE ET À RELIRE dans les moments difficiles

* * *

Votre témoignage ancre un peu plus en moi le fait de **PROFITER DE CHAQUE INSTANT QUEL QU'IL SOIT.**

* * *

Un bien bel hommage à vos parents et aux difficultés relationnelles avec votre maman évoquée toute en délicatesse. J'apprécie beaucoup cette **ÉCRITURE SIMPLE, DIRECTE, SANS FIORITURES. BRAVO !**

AUTRES LIVRES DE SONIA WEYERS :

Votre Bonheur Pas à Pas

https://eudokima.com/livre-bonheur

Happiness Now! A Guided Journey

https://eudokima.com/book-happiness

The Sundown of Life

https://eudokima.com/book-sundown

VOTRE AUTO-ÉVALUATION OFFERTE

Pour vous remercier d'avoir ouvert mon livre, je souhaite vous offrir une auto-évaluation que j'ai créée pour vous aider à faire face aux crépuscules dans votre vie et à créer vos moments extraordinaires de connexion.

Je sais que pour tirer le meilleur profit de ce livre, il est essentiel que vous mettiez certaines des suggestions en action. J'ai créé cette auto-évaluation pour vous aider à voir d'où vous partez. Les personnes qui l'ont utilisée ont réellement approfondi leur expérience durant les crépuscules dans leur vie et vous pouvez le faire aussi !

Pour obtenir votre auto-évaluation « Créez d'Extraordinaires Moments de Connexion », suivez simplement :

https://eudokima.com/crépuscule-cadeau

Je dédicace ce livre à mes enfants :

Clara, Gabrielle, Oscar, et Stella.

J'espère sincèrement que d'avoir été témoins de mes expériences et de comment j'ai géré la fin de vie de mes parents vous inspirera lorsque votre heure viendra. En effet, ce sont d'inévitables marqueurs de nos vies, lorsque nous avons la chance de pouvoir y participer.

Je dédie également ce livre à vous, mes lectrices et mes lecteurs, en espérant que mes expériences éclairent les vôtres d'une lumière inspirante nouvelle, que vos expériences soient passées, présentes ou futures.

Table des matières

Première Partie

OSER LA VÉRITÉ

QUAND CE QUI SE PASSE N'EST PAS CE QU'ON SOUHAITE.

Le 14 août 2019, un passage calme de l'été, j'étais chez moi à vaquer à quelques occupations en attendant des nouvelles de mon papa. Je m'attendais à ce qu'elles soient bonnes. Mais lorsque le coup de fil est enfin arrivé, ce fut encore bien pire que ce que j'aurais pu imaginer. D'une voix calme, il m'a dit : « c'est la fin. Cancer généralisé. »

Je lui ai demandé d'expliquer. Il avait des métastases au foie, dans les deux poumons et à plusieurs autres endroits. J'étais un peu sous le choc. Il était si calme et posé et moi aussi, de prime abord.

En fin d'après-midi, voici ce que je lui ai écrit :

Mon pap adoré. (je l'appelais « pap » depuis longtemps)

J'accuse le coup de la nouvelle. Il fait peu de doute pour moi que c'est la force du choc émotionnel de la perte de ta femme adorée qui est responsable de la prolifération soudaine.

Le fait que ça se soit propagé de la sorte montre, je pense, que c'était déjà dans ton sang, mais maîtrisé par tes défenses immunitaires.

Un gros choc émotionnel baisse les défenses immunitaires, c'est bien connu, souviens-toi du cancer du sein de maman, six mois après le décès de la sienne.

C'est comme ça, on n'y peut rien. Je ne sais pas ce que diront les médecins, si ça a du sens de faire de la chimio ou pas, on verra bien. Ou si quelqu'un ici fait de l'immunothérapie.

En tous cas, je veux te dire, même si tu le sais déjà, que je t'aime du fond de mon cœur et c'est avec émotion que j'ai réalisé que tu as toujours été là pour moi pour toutes les épreuves de ma vie et il en vient une que je devrai affronter sans toi.

Je suppose qu'on a tout de même quelques semaines devant nous, j'aimerais que tu me dises ce qui te ferait plaisir de faire pendant le temps qu'il reste, incertain bien sûr. Et aussi, il est maintenant opportun de me rafraîchir la mémoire sur ce que tu souhaites pour ton enterrement. Je viendrai certainement te faire un bisou ce soir, mais de toute façon, on se dit à demain. Et tu peux confirmer pour samedi. Si ça te fait plaisir, je serais ravie de passer une partie de la journée avec toi.

Je t'aime mon pap.

Son. (C'est le diminutif de mon prénom – Sonia – qu'il utilisait depuis longtemps.)

Les nouvelles étaient vraiment mauvaises. Et c'était tellement choquant. Mon papa avait eu l'air en tellement bonne forme la semaine précédente, lorsque nous avions passé quelques jours en Belgique ensemble et rendu visite à ses amis de longue date et à notre famille.

Je suis allée le voir en fin de journée. Le déménagement en maison de retraite à un peu plus de deux kilomètres de chez moi avait été une décision magnifique. Je pouvais y aller en trois minutes en voiture, par une route un peu sinueuse à travers champs et petits bois. Juste avant l'entrée du village suivant, il y avait une rue sur la gauche.

Le parc avec la maison de retraite, où mes parents étaient venus pour finir leurs vies près de moi et de mes enfants, se trouvait au bout de cette rue.

MAUVAISES NOUVELLES

Trois ans auparavant, mes parents coulaient des jours heureux dans leur maison en Belgique, vivant une retraite paisible et néanmoins dynamique. Ils aimaient leur maison. Lui jouait au bridge chaque semaine et s'occupait de son jardin avec une joyeuse dévotion ; elle s'occupait de l'organisation de sa maison, de son petit potager et aimait cuisiner et « faire de l'ordinateur » comme elle disait. Ensemble, ils aimaient aller à des concerts de musique classique.

Ce soir-là, le 8 novembre 2016, mes parents étaient à un concert à Bruxelles.

Ma maman a loupé une marche et s'est cassé la cheville, tandis que moi, je suivais les résultats des élections américaines en me demandant pourquoi je n'avais pas de leurs nouvelles. J'étais inquiète. Ma maman avait la cheville cassée et mon papa avait un rendez-vous pour vérifier son aorte pour une suspicion d'anévrisme. Le lendemain matin, il m'a appelée pour me dire que son anévrisme à l'aorte était confirmé, que ça nécessiterait une opération assez importante et qu'il devait emmener ma maman se faire opérer de la cheville. Apparemment, les urgences de la veille n'avaient pas bien fait les choses. J'étais en route pour mon cours de gym et je me suis soudainement mise à sangloter au volant.

À mon insu, c'était le début de la fin. Ma maman souffrait déjà d'un léger déclin cognitif depuis plusieurs mois, elle qui avait toujours eu un côté un peu bizarre — son côté décalé était charmant par moments et très irritant parfois aussi, c'était comme ça.

De façon un peu inattendue, sa cheville cassée a semblé accélérer ce processus. Mon papa, lui, continuait l'exploration pour voir si son corps et surtout son cœur pourraient supporter l'opération de l'anévrisme.

Ces nouvelles étaient rudes pour mes enfants et moi, nous étions tous très proches. Mes parents venaient chez nous pour le week-end, tous les mois ou deux, et nous passions quelques jours chez eux lorsque les vacances scolaires le permettaient. Les enfants et moi passions également une semaine de vacances avec eux à la côte belge depuis 2009, lorsque leur père et moi avions entamé notre séparation.

Si vous considérez les choses dans votre vie comme acquises, je vous conseille vivement de bien regarder ce qui est important pour vous.

LA FIN D'UNE ÉPOQUE

Le 23 décembre 2017, j'attendais avec impatience mes parents, qui venaient passer Noël avec nous, comme tous les deux ans depuis longtemps.

Mon papa est arrivé à la porte, un sac dans chaque main, ayant l'air de porter le monde sur ses épaules. Il manqua de trébucher sur le seuil de la porte et il déclara : « il faut trouver un home (belgicisme pour *maison de retraite*) ; ça ne va plus. »

Souhaitant à la fois le soutenir et vraiment l'écouter, j'ai simplement répondu : « rentre pap, enlève ton manteau et viens t'asseoir. On va en parler. »

L'air triste et découragé, il a commencé à m'expliquer : « tu sais comment ta maman faisait toujours les bagages ? Eh bien maintenant, elle ne sait plus comment faire alors j'ai dû le faire moi-même. Je lui ai demandé combien de culottes elle voulait, je les ai mises dans la valise et elle est venue et les a remises dans l'armoire. Et tout était comme ça. » Il soupira.

J'écoutais simplement, j'essayais d'intégrer. Je me suis demandé si ce serait la dernière fois qu'ils pourraient venir en voiture chez moi. Je lui ai dit de se mettre à l'aise et que nous étions là pour aider.

Le lendemain, il avait déjà l'air plus joyeux. Je le lui ai fait remarquer et il m'a répondu que d'être chez moi, c'était le paradis parce qu'il ne devait rien faire. J'étais contente de pouvoir lui offrir ce confort.

Nous avons passé un beau Noël ensemble. Ma maman était dans son fauteuil, elle souriait en nous regardant ouvrir nos cadeaux. Elle avait l'air de passer un bon moment ; c'était bon de la voir joyeuse. Elle avait perdu une partie de sa mémoire, son déclin cognitif progressant peu à peu depuis un an ou deux, mais elle semblait heureuse du moment présent, ce qui n'est pas si mal - si seulement nous avions toutes et tous cette chance !

Le lendemain de Noël, mes parents ont repris la route vers chez eux, les enfants et moi les suivant quelques heures plus tard. Nous voulions profiter de chaque moment possible avec eux pendant ces vacances. Le voyage de chez nous à chez eux était d'environ 400 km et prenait un peu plus de quatre heures quand la circulation était fluide. C'était une distance qui nous permettait d'y aller pour quelques jours, mais qui restait fatigante ; fatigante, mais qui valait bien la peine.

Mes parents avaient une belle maison avec trois chambres en haut pour les enfants et moi. Nous avions toute la place nécessaire et mon papa adorait nous avoir chez eux ; ma maman aussi, à sa façon. Nous leur rendions visite dans cette maison depuis début 2004, c'était un peu comme une résidence secondaire pour nous.

Durant ce séjour, il était très clair que ma maman faisait moins dans la maison qu'auparavant. Mon papa prenait la relève, mais il était soucieux. C'était beaucoup, d'autant plus qu'il subirait bientôt deux opérations distinctes pour son anévrisme à l'aorte. Lors du diagnostic initial de cet anévrisme, une simple surveillance avait été recommandée. Mais quelques mois plus tard, un médecin avait remarqué que l'anévrisme était « en forme de sac », ce qui rendait l'opération urgente. La première opération était prévue pour fin janvier, pour préparer la seconde trois semaines plus tard. Ma maman ne pouvait plus rester seule, j'ai donc naturellement proposé de venir. Je réorganiserais mon emploi du temps en conséquence et je serais là ! Mon papa n'était pas entièrement à l'aise avec cette idée : « tu as autre chose à faire », m'a-t-il dit. Bien sûr que j'avais autre chose à faire, mais je devais aussi venir les aider ; je serais au rendez-vous. Et même s'il n'était pas tout à fait à l'aise, s'il trouvait souvent que j'en faisais trop, il était rassuré et reconnaissant.

Les enfants et moi voulions être chez nous à temps pour les différents réveillons du Nouvel An. Mais avant de démarrer, j'ai demandé aux enfants de prendre quelques photos de moi avec mes parents en haut de leur allée. J'avais un étrange sentiment que ce moment méritait d'être capturé, que les choses étaient sur le point de changer. Ce n'est que bien plus tard que je comprendrais à quel point j'avais raison.

Opération #1

Le 29 janvier 2018, avec une petite valise pour deux jours, je suis partie chez mes parents pour être avec ma maman pendant que mon papa subissait sa première opération. Celle-ci était assez mineure, mais tout de même sous anesthésie générale. Je suis arrivée à temps pour le repas du soir, pour pouvoir intégrer toutes les instructions de soins de ma maman : ses repas, sa toilette, ses habitudes, ses vitamines et ses médicaments.

Mon papa et moi avons partagé un moment ce soir-là, profitant d'être ensemble à la table de la cuisine, en sirotant son bon vin et en papotant. Les choses étaient en train de changer et ce n'était pas facile d'imaginer comment tout ça allait évoluer.

Le lendemain, il devait être à l'hôpital l'après-midi. Nous sommes tous les trois montés dans ma voiture pour l'y emmener. Ma maman et moi étions assises sur un banc, face à mon papa, en attendant son tour pour l'admission. J'aime documenter les événements avec des photos et j'ai donc naturellement sorti mon téléphone. J'ai capturé un ravissant selfie d'elle et moi. Elle avait une expression tellement joyeuse ; ce moment reste à ce jour un souvenir chaleureux !

Parfois il y a un moment délicieux, disponible au milieu d'un drame en évolution. Ouvrez-vous à les attraper au passage.

ENCORE DES MAUVAISES NOUVELLES

Après avoir installé mon papa dans sa chambre, ma maman et moi sommes rentrées ensemble. Ce soir-là, j'avais invité mon amie depuis quarante ans, Natacha, à venir passer la soirée avec nous. J'avais pensé que ce serait bien pour ma maman de voir quelqu'un de familier, qu'on pourrait manger ensemble toutes les trois et qu'ensuite, lorsque ma maman serait couchée, Natacha et moi pourrions avoir du temps ensemble — en tous cas c'est ce que je pensais !

J'ai emmené ma maman à la salle de bains pour se laver la figure et se brosser les dents. Elle aimait tremper sa brosse à dents – avec le dentifrice dessus – dans du bicarbonate de soude, je lui ai donc rappelé de le faire. Quand elle fut toute prête, je lui ai gentiment dit de se mettre au lit, comme mon papa m'avait montré. Je lui ai fait un bisou sur le front et je lui ai souhaité une bonne nuit. « Ça s'est bien passé », me suis-je dit…

Natacha et moi avions à peine commencé notre conversation qu'un cri strident retentit, semblant venir de la chambre de ma maman. Nous avons tendu l'oreille… silence… nous avons recommencé à parler et de nouveau, le même cri strident. Je suis donc allée voir ce qui se passait. Ma maman se relevait, je l'ai calmement invitée à retourner au lit, je lui ai fait un bisou sur le front et je lui ai souhaité une bonne nuit.

Après quatre ou cinq répétitions de la scène, lorsque je suis arrivée près d'elle, elle m'a regardée avec un peu de colère dans les yeux en me disant : « tu peux retourner en France ! » avec un geste de la main. Elle perdait peut-être la mémoire, mais à cet instant, elle savait très bien que je vivais en France et elle avait sans doute fait le lien entre mon apparition et la disparition de mon papa. Bien sûr, je ne pouvais pas retourner en France, mais je pouvais sans doute aller la surveiller d'en haut.

Natacha pensait que sa présence était peut-être un irritant pour ma maman, un rappel désagréable de nos années adolescentes, quand ma maman se plaignait souvent du bruit que nous faisions. Elle est donc partie.

Ma maman devenait alors si agitée que j'ai appelé les médecins de garde — oui, il y avait encore des visites à domicile en Belgique en 2018. Le médecin lui a donné une dose importante d'anxiolytique, le même qu'elle avait dans sa pharmacie personnelle en plus petites doses. Je me suis dit que ça allait forcément la calmer. Je pense que je ne me suis jamais trompée autant de fois en si peu de temps.

À presque une heure du matin, j'ai entendu du bruit. J'ai doucement descendu quelques marches pour regarder à travers les barres métalliques qui permettaient de voir dans le séjour sans risque de chute. Le bois des marches a craqué sous mes pieds, dommage ! Ma maman était assise sur une chaise de la salle à manger et regardait la route, en haut de l'allée, à travers la fenêtre haute. Un peu perplexe, j'ai juste demandé : « qu'est-ce que tu fais ? »

« J'attends que mon mari rentre », a-t-elle répondu.

Elle semblait en sécurité et moi, j'avais besoin de dormir. Je suis donc allée me coucher, un peu mal à l'aise avec l'évolution de la situation. J'avais été tellement certaine que ma présence serait réconfortante pour ma maman, en l'absence de mon papa, mais c'était tout le contraire. En fait, ma présence ne faisait qu'*accentuer* l'absence de mon papa.

À deux heures dix, je suis allée voir, elle dormait sur le canapé ; à quatre heures dix, elle dormait dans son lit. J'ai éteint toutes les lumières. Quand je me suis réveillée pour de bon le matin, j'ai constaté qu'elle s'était relevée : des lumières étaient allumées et des choses avaient bougé. Elle dormait encore, j'en ai profité pour prendre un peu soin de moi.

Nous avions survécu à la première nuit ! Difficile, elle annonçait en réalité une très mauvaise nouvelle. Loin d'apporter le soulagement que j'espérais, j'étais choquée de constater que ma présence soulignait juste l'absence de mon papa.

L'après-midi, nous avons pu aller le voir. L'opération s'était bien passée, disaient les médecins. Ma maman, très agitée de voir son mari dans un lit d'hôpital, lui a dit qu'elle viendrait le chercher avec sa petite voiture ; il lui a répondu qu'elle ne pouvait plus conduire. Elle a fini par rétorquer « oui je peux. J'ai mon permis de conduire », ce qui était à la fois drôle et poignant. Elle était perdue sans lui, il se sentait tellement mal de devoir la laisser et j'étais désolée que ma présence ne soit pas plus réconfortante pour elle. Mais j'étais là où je devais être, il n'y avait aucun doute là-dessus. Plus qu'une nuit !

Lorsque mon papa est rentré le lendemain, ma maman était bien sûr enchantée de le revoir. Tout d'un coup, tout allait de nouveau mieux pour elle ! Mon papa et moi pensions à l'opération prévue dans trois semaines. Elle, elle n'y pensait pas.

Avec mon papa à peine rentré de l'opération préparatoire, la prochaine exigeant une hospitalisation bien plus longue, et ma maman dans les griffes de la démence, je n'étais pas très à l'aise.

J'ai profité d'un déjeuner avec mes parents réunis et j'ai repris la route vers chez moi pour compléter mon premier aller-retour de 2018. Je n'avais alors aucune idée du nombre que je ferais cette année-là.

Opération #2

Le 18 février 2018, je suis repartie chez mes parents. Deux jours plus tard, mon papa aurait sa « vraie » opération, celle où ils insèreraient un morceau de Gore-Tex médical dans son aorte, dans l'abdomen, pour exclure l'anévrisme. L'anévrisme c'est un peu comme la « bulle » qu'on peut voir sur une roue de vélo. Ça la rend plus fragile et, dans le cas de l'aorte, si elle se rompt, les risques de décès s'élèvent à quatre-vingts pour cent.

L'opération est longue et effrayante, mais elle sauve des vies. Je suis arrivée un jour en avance pour passer du temps avec mes parents avant d'aller à l'hôpital. Ces jours juste avant une opération avaient une saveur particulière. Bien que les risques soient faibles, il n'y a jamais de risque zéro. Donc la valeur de la soirée de la veille semblait exacerbée, une soirée à vivre aussi pleinement que possible. Mon papa et moi avions toujours aimé papoter avec un verre de vin ou deux, c'est donc ce que nous avons fait.

Le 20 février, mon papa a eu sa seconde opération de l'année, comme prévu. Ce fut un succès, le chirurgien a pu insérer le morceau de Gore-Tex, mais en plus de temps que prévu : neuf heures au lieu des cinq ou six prévues. Les deux premières entrées dans le système vasculaire avaient échoué, dont une fois où ils ne voyaient rien à cause du pacemaker. Le retard m'a inquiétée bien malgré moi et je me suis sentie tellement soulagée lorsque j'ai enfin appris que mon papa était de retour dans sa chambre.

Sentir du soulagement nous montre à quel point nous étions inquiets.

DES DÉCISIONS DIFFICILES

Lorsque j'ai appelé mon papa le mercredi matin, il m'a dit que sa jambe était morte ! C'était une chose bizarre à entendre. À la maison, ma maman s'est réveillée en pleurant, demandant où était son mari. Quelques mots de réconfort et sa routine de petit-déjeuner ont semblé l'aider à retrouver un peu de calme. Je m'appliquais, avec le généraliste de mes parents, à faire ajuster le traitement de gestion de l'anxiété de ma maman, pour le bien de nous tous. Le premier traitement n'avait eu aucun impact ; le suivant lui figeait le visage et elle me faisait taire quand je lui parlais, me disant qu'elle entendait la voiture de mon papa : elle était victime d'une hallucination ! Le médecin m'avait prévenue qu'il y avait un grand nombre de médicaments possibles et qu'on devrait continuer à essayer jusqu'à en trouver un bon. Ça semblait être de mauvais augure, mais nous n'avions pas vraiment le choix.

Mercredi après-midi, nous avons pu aller rendre visite à mon papa. Il était, naturellement, très faible. Lorsque nous y sommes retournées jeudi, il avait déjà un peu plus d'allant et a même pu faire quelques pas. Et vendredi il a pu parcourir quatre ou cinq fois la distance de la veille. Malheureusement, le scanner de contrôle qui lui permettrait de rentrer chez lui avait été déplacé du jeudi au lundi suivant, alors que je devais rentrer chez moi le lundi pour m'occuper de ma propre vie.

Avec la reprogrammation du scanner, je devais trouver quelqu'un qui pourrait rester auprès de ma maman jusqu'à ce que mon papa rentre. J'avais espéré éviter cette situation, mais vu que mon papa aurait besoin de récupérer, il serait bon pour eux d'avoir quelqu'un à domicile.

Samedi, le traitement de ma maman semblait stabilisé. Elle était active et me sollicitait pour beaucoup de choses. C'était plus fatigant, mais tellement plus agréable. Mon papa, lui aussi, semblait progresser de jour en jour. Il a commencé à parler de maisons de retraite. La question était : « près de chez eux ou près de chez moi ? » Mon papa espérait encore pouvoir aller au bridge, et qu'ils pourraient continuer à voir leurs amis et à aller à des concerts ensemble. J'ai fait remarquer que s'ils allaient en maison de retraite près de chez eux, je viendrais bien sûr les voir, mais que ce serait compliqué avec mes enfants. Je devrais louer plusieurs chambres d'hôtel pour peu de temps passé ensemble. Je l'ai rassuré : il aurait le dernier mot et nous avons remis la suite de l'échange à plus tard ; nous avions du temps.

Dimanche matin, une gentille dame prénommée Daniela est arrivée. Elle était envoyée par l'agence *Vivre à Domicile.* Elle a précisé qu'elle ferait douze heures par jour et que quelqu'un d'autre ferait les autres douze heures. J'ai cru que mon cerveau allait court-circuiter ! Comment pourrais-je coordonner tellement de choses à distance et expliquer la routine des médicaments, du petit-déjeuner, de la mise au lit et toutes les spécificités à plusieurs personnes qui se croiseraient ? Daniela a alors appelé son supérieur et a négocié son installation chez mes parents. Elle préférait cette solution, de toute façon, elle aurait eu trop de temps de trajets. Nous avons donc appris à nous connaître un peu et elle nous a accompagnées pour rendre visite à mon papa.

Lorsque j'ai réalisé que sa jambe était toujours engourdie, j'ai demandé une explication aux médecins. Ils avaient clampé l'artère de la jambe durant l'opération et elle n'avait donc pas été irriguée. Comme l'opération avait duré plus longtemps que prévu, les terminaisons nerveuses avaient pu être impactées. Mon papa allait donc rester hospitalisé bien plus longtemps que prévu.

Malgré l'aide de Jennifer, la femme de mon cousin, de ma tante Sheila, de ma cousine Michèle et de mon amie Natacha, c'était difficile et ça le deviendrait encore bien plus. Je présentais un visage fort et confiant – il le fallait – mais j'étais inquiète pour mon papa, j'étais triste pour ma maman, et je trouvais difficile d'être responsable de la gestion de toute cette situation.

J'étais arrivée à un point où ma propre anxiété faisait que j'avais demandé au généraliste de mes parents de me donner quelque chose aussi.

Lundi, donc, il était temps pour moi de rentrer. Je me sentais un peu rassurée, mon papa pourrait probablement rentrer mercredi, sa prise de sang était meilleure, l'opération avait réussi et même la jambe gonflée pouvait être un œdème postopératoire normal. Jennifer a proposé de venir tous les deux jours pour emmener ma maman et Daniela voir mon papa, Daniela ne conduisant pas. J'ai dit à Jennifer que bien que je sois agnostique, elle était peut-être une incarnation de Dieu.

Ce n'était pas facile pour moi de laisser ma maman avec Jennifer et Daniela, mais il le fallait. Je devais rentrer pour l'anniversaire de ma plus jeune fille, Stella, et j'avais également besoin de m'extraire un peu de cette situation incroyablement difficile.

Très franchement, j'ai eu une sensation de soulagement dès que j'ai pris la route vers chez moi.

Je voulais être là pour tout, mais je devais aussi prendre soin de moi.

J'ai appris à mon arrivée que ma maman avait été assez agitée avec Daniela, un peu comme avec moi au début. Mais avec l'ajustement du traitement médical, elle n'était pas *trop* difficile.

Mardi, le retour de mon papa a été confirmé pour le lendemain ; son déambulateur a été livré à la maison et ma maman a pu aller le voir. Elle a eu une journée difficile, mais j'espérais vraiment que le retour de mon papa l'apaiserait.

Vendredi est arrivé vite et j'y suis retournée, avec ma deuxième fille, Gabrielle. Cette fois juste pour passer le week-end avec mes parents. J'avais besoin de voir comment ils allaient et de leur donner un petit coup de main. Je ne faisais pas confiance à mon papa pour exprimer au téléphone ses véritables sentiments concernant la situation. J'avais besoin de voir de mes propres yeux.

J'ai appelé juste avant de prendre la route et mon papa m'a dit : « J'ai décidé. Ce sera un home pour nous deux, près de chez toi. » J'ai juste répondu : « ok, pap, on en parle ce soir. »

Juste à temps

Gabrielle et moi sommes arrivées pour le dîner. Le soulagement de mon papa se lisait sur son visage et ma maman était contente de nous voir. Notre présence était visiblement aidante, mon papa pouvait se reposer un peu et ma maman recevait des stimulations qui semblaient lui faire du bien. Elle et moi avons pu jouer au piano ensemble, une version à quatre-mains de « Jésus, que ma joie demeure. » C'était frappant de constater que certaines parties de son cerveau étaient bien moins abîmées que d'autres.

Les situations difficiles s'éternisent parfois bien plus que nous le souhaiterions. Il est bon d'attraper les rayons de lumière au cœur de la tempête.

ENCORE PLUS DE
MAUVAISES NOUVELLES

Le samedi soir, notre visite était déjà un succès retentissant. La situation était très gérable avec deux adultes de plus dans la maison. Mais le dimanche matin, mon papa ne se sentait pas bien. Une infirmière venait faire la toilette de ma maman, comme tous les matins, je lui ai donc demandé d'examiner mon papa. Elle et moi pensions qu'il serait bon de prendre sa tension, presque contre son gré. Il pensait que ce n'était pas nécessaire. Moi je pensais qu'il craignait tellement de laisser une nouvelle fois ma maman qu'il était prêt à ignorer son propre inconfort, pour rester à ses côtés ; un raisonnement tellement déraisonnable !

L'infirmière ne sentait pas son pouls dans son poignet gauche, et sa tension était beaucoup plus basse dans ce bras-là que dans le droit. Quelque chose n'allait pas. Nous avons appelé le médecin de garde.

Elle a constaté la même chose que l'infirmière et a recommandé que mon papa soit examiné à l'hôpital, elle voulait être sûre qu'il n'avait pas de saignement interne et vu l'opération qu'il venait d'avoir, c'était vraiment prudent de vérifier.

L'ambulance est donc arrivée pour l'emmener. J'ai pu aller le voir en laissant ma maman entre de bonnes mains avec sa petite-fille.

À l'hôpital, ils disaient qu'il n'y avait pas de problème avec sa tension. Ma belle-mère disait souvent que tout le monde avait besoin d'une personne soutien à l'hôpital. Je voyais bien à cet instant combien c'était vrai. Je leur ai fait remarquer que le problème était au bras gauche et qu'ils prenaient la tension au bras droit. Quelques minutes après, on emmenait mon papa au scanner.

En attendant les résultats, on bavardait, profitant de ce moment partagé inhabituellement calme, jusqu'à l'arrivée de l'interne de la précédente opération. Je l'aimais bien, elle avait de bonnes qualités humaines et elle prenait toujours le temps de répondre à mes nombreuses questions. Elle avait vu le scanner et il y avait un caillot de sang coincé dans le stent qu'ils avaient laissé dans l'artère sous-claviculaire, celle qui avait été perforée lors de la seconde opération. Elle nous expliquait que ce caillot pourrait se dissoudre sous l'effet des anticoagulants et que sinon, ils seraient obligés d'aller le chercher.

Pour le moment, ils allaient garder mon papa en observation. Gabrielle et moi avions déjà décidé de rester une nuit de plus. Elle avait prévenu au travail qu'elle reviendrait un jour plus tard, pour des raisons familiales. Elle passait un très bon moment avec sa grand-mère. Gabrielle s'y prenait vraiment bien avec elle. Quelle aubaine qu'elle soit là avec moi cette fois-ci !

En croisant les doigts, j'ai demandé à Daniela si elle pouvait revenir lundi matin et heureusement, c'était possible. Elle était une très bonne garde-malade pour ma maman : elle arrivait toujours à trouver des façons d'être avec elle, sans qu'elle se rebelle.

Après l'arrivée de Daniela et le repas de midi, Gabrielle et moi sommes allées rendre une dernière visite à mon papa avant de rentrer à la maison.

Opérations #3 et #4 !

Mardi matin, le 6 mars, mon papa est entré au bloc opératoire, sous anesthésie générale, pour la troisième fois depuis le 30 janvier. Ils allaient chercher le caillot.

Lorsque j'ai appelé, à la fin de ma journée de travail, et qu'on m'a dit que tout s'était bien passé, j'ai fondu en larmes. J'ai réalisé combien j'avais été inquiète même si je n'en avais pas vraiment conscience. J'avais probablement repoussé toutes mes craintes pour pouvoir travailler convenablement avec mes clients en thérapie. La situation était tellement intense, j'affrontais de telles montagnes russes. Chaque fois que mon papa allait à l'hôpital, ma maman déclinait un peu plus. C'était vraiment déchirant à voir, surtout pour lui.

Mais avec un peu de chance, les choses allaient s'améliorer. Ma maman avait même passé une bonne journée avec Daniela, sa garde-malade. Tout allait bien…

Pas si vite ! Les mauvaises nouvelles continuaient à tomber. Ma maman avait passé une mauvaise nuit et mercredi elle avait eu une journée horrible, malgré la visite de son frère et de sa belle-sœur, Pierre et Christiane. Et mon papa n'avait toujours pas de pouls dans le poignet gauche.

Mais dans la nuit de mercredi à jeudi, ma maman avait dormi presque quatorze heures d'une traite et la journée de jeudi avait été bonne. Entretemps, mon papa avait subi une échographie du bras et on avait trouvé un autre caillot, de plus de deux centimètres de diamètre, au creux de son coude.

Le jeudi soir, ma maman n'a apparemment pas dormi et le vendredi matin mon papa est retourné au bloc opératoire, quatrième opération, pour retirer le gros caillot du creux de son coude. Je me demandais avec optimisme, si c'était la fin des ennuis.

Pendant ce temps, j'ai visité une maison de retraite près de chez moi, comme mon papa me l'avait demandé. Plusieurs proches ont émis des objections, ils trouvaient qu'il n'en avait pas besoin, que c'était de la folie pour lui d'aller en maison de retraite. Ce qu'ils ne comprenaient pas, c'est que ce n'était même pas une vague possibilité pour mon papa de laisser ma maman y aller seule.

J'ai passé un week-end tranquille chez moi et le dimanche les nouvelles semblaient bonnes. Ma maman s'était habituée à Daniela ; mon papa se sentait mieux de jour en jour, on lui avait enlevé sa perfusion, il prenait sa douche tout seul, il mangeait à table et il lisait dans son fauteuil, toutes ces choses qu'il ne faisait plus depuis sa réadmission à l'hôpital.

Mardi 13 mars, nous avons appris que mon papa pourrait rentrer chez lui le lendemain. J'avais prévu d'arriver le vendredi et Daniela pouvait rester jusque là. C'était rassurant pour moi. Elle était une perle rare.

Vendredi 16 mars, me voilà donc repartie chez mes parents pour la quatrième fois en moins de deux mois. Cette fois, j'emmenais ma fille Stella. Nous avons même pu rentrer chez nous le dimanche comme prévu ! Mes parents se débrouillaient bien, mais les grandes décisions commençaient à presser. Ma maman avait beaucoup décliné depuis le début de la saga des opérations et mon papa était affaibli et très fatigué. On le serait à moins, il avait tout de même subi quatre anesthésies générales en moins de six semaines.

J'ai aidé à coordonner de l'aide pour mes parents pour les semaines suivantes, ce qui nous permettait de tenir un peu plus longtemps. Au moins, ma maman était toute calme avec mon papa à la maison, c'était déjà quelque chose.

Opération #5 :

J'avais prévu d'y retourner deux semaines plus tard, le week-end de Pâques, juste pour jeter un œil sur la situation et apporter mon aide. J'étais contente, même un peu soulagée, de voir que les choses semblaient se stabiliser d'une façon qui nous soulageait tous.

Mais les jours qui ont suivi, mon papa a de nouveau eu les mêmes symptômes : pas de pouls et une tension basse dans le bras gauche et son généraliste prédisait une opération de pontage à l'endroit du stent problématique dans son artère claviculaire. Je détestais cette prédiction et je trouvais le généraliste inutilement alarmiste.

Mercredi 28 mars, l'équipe médicale, avec le chirurgien cette fois, a décidé que mon papa avait besoin de cette opération et qu'il en avait besoin tout de suite ; l'urgence était soudaine.

Ils avaient prévu l'opération pour le lendemain, jeudi. J'aurais dû partir immédiatement pour être là à temps pour voir mon papa avant qu'il ne rentre au bloc. Toutes ces opérations commençaient à me faire vraiment peur. Pour me donner le temps d'arriver plus sereinement, je les ai convaincus de faire l'opération le vendredi.

Mais pour pouvoir voir mes parents ensemble chez eux avant d'emmener mon papa à l'hôpital, j'ai décidé de me réorganiser pour partir quand même en fin d'après-midi et ma tante Sheila a accepté de rester avec mes parents jusqu'à mon arrivée.

C'était mon cinquième voyage chez mes parents en moins de deux mois. Avec toutes ces urgences les six dernières semaines, je me sentais épuisée — à la fois physiquement et émotionnellement. Mais ma détermination à être présente pour mes parents ne diminuait pas d'un iota.

Lorsque la vie vous inflige plus que ce que vous pensiez pouvoir assumer, prenez un moment pour évaluer ce qui est important dans l'instant.

ÉCOUTER LA VÉRITÉ DE CHACUNE ET CHACUN

Tout mon travail sur moi au fil des années, ainsi que toute mon expérience professionnelle m'ont permis de vraiment écouter les vérités de tout le monde durant tout ce processus : celle de mon papa, de ma maman, la mienne et aussi la vérité des proches de mes parents.

Ma maman avait un point focal explicite : mon papa. Elle avait un autre point focal, implicite celui-ci : sa maison. Les personnes atteintes de démence ont beaucoup de difficultés lorsque leur environnement change, et ma maman était particulièrement attachée à sa maison, même avant le début de son déclin.

Mon papa voulait être là pour ma maman, puisqu'elle était en train de perdre rapidement son autonomie. Il voulait être présent pour elle, mais il ne pouvait pas non plus imaginer sa vie sans elle. Ceci serait confirmé de façon tragique plus tard. Il comprenait parfaitement bien qu'avec son propre déclin physique, suite à la rapide succession d'opérations et au rapide déclin associé de ma maman, la seule solution viable était pour eux d'aller ensemble en maison de retraite.

Il avait d'abord voulu rester près de chez eux, pour continuer certaines de leurs activités, et ses activités à lui. J'ai écouté ce qui était important pour lui et j'ai exprimé ce qui était important pour moi. Ma maman exprimait à sa façon ce qui était important pour elle. J'ai tout écouté.

Mais il s'agissait vraiment de mon papa à ce moment-là. Il faisait des aller-retour à l'hôpital et ma maman – l'amour de sa vie – déclinait de façon tragiquement poignante. C'est donc lui qui a eu le dernier mot.

Il avait déjà décidé d'aller en maison de retraite près de chez moi. J'en étais très soulagée et j'avais bien vérifié qu'il ne le faisait pas juste pour moi. Lorsque nous en avions parlé, il avait clairement exprimé que sa fille et ses petits-enfants étaient sa priorité. Venir près de chez moi était donc la décision la plus judicieuse. Il ne retournerait pas jouer au bridge de toute façon, ma maman ne pouvait plus rester seule, et ils n'allaient certainement pas retourner au restaurant avec leurs amis.

Je pensais à tout ça en prenant la route pour aller chez eux. La situation était vraiment lourde, mais j'avais la satisfaction d'avoir trouvé une chambre double pour mes parents dans une maison de retraite à deux kilomètres quatre cents de chez moi, dans le village voisin de Bourron-Marlotte. Je rêvais de ce minuscule trajet, en démarrant pour cinq à six heures de route pour les retrouver.

J'ai pleuré pendant une bonne partie du trajet ; tout ceci était tellement difficile. Les exigences de la situation étaient épuisantes. Pourtant, je ressentais, avec une certitude incontournable, que c'était ce que je devais faire : je devais être présente pour mes parents. J'étais fille unique et malgré toutes mes difficultés passées avec ma maman, j'étais à ma place. J'avais bien des personnes prêtes à me soutenir, mais personne ne pouvait prendre ma place et je ne pouvais en aucun cas imaginer laisser mes parents seuls dans cette situation tellement critique.

Le généraliste de mes parents leur a dit qu'ils avaient de la chance de m'avoir, avec à l'appui, une statistique disant que seulement un enfant sur cinq ou sur dix s'occupe de ses parents vieillissants. Je considérais, incrédule, ce chiffre ! Je ne pouvais même pas concevoir de *ne pas* être là pour mes parents. Mon papa disait que j'en faisais trop, il l'a répété bien des fois les mois qui ont suivi, mais je n'arrivais pas à comprendre ce que ça voulait dire, à quoi ça pourrait même ressembler d'en faire moins. Je ne pouvais pas envisager d'en faire moins. Ça, c'était MA vérité !

J'étais donc partie le soir même et je suis arrivée aux alentours de 23 h. J'ai tout de suite réalisé que mon papa n'avait pas pris les anticoagulants prescrits après sa dernière opération. Il n'avait pas regardé au fond du sac, il n'avait même pas lu l'ordonnance. Il était amoindri et son attention était tournée vers ma maman. Mon papa ne s'était jamais intéressé aux médicaments, il faisait confiance à son corps. La pharmacie avait livré les médicaments et personne n'avait vérifié que mon papa savait ce qu'il devait faire. Faire confiance à son corps avait bien marché pour lui pendant plus de soixante-quinze ans. Mais les choses avaient bien changé.

Je regrettais amèrement de ne pas avoir été présente à son retour chez lui. Moi, j'aurais vérifié tout ça.

Ce qu'on ne peut pas contrôler, on ne peut pas le contrôler. Il faut bien s'y faire.

OSER RESSENTIR

Mon papa a fini par avoir un nouveau caillot. Le généraliste ne pensait pas que cela puisse être dû aux anticoagulants qu'il n'avait pas pris, mais moi j'avais mes doutes. J'étais très contrariée. En cet instant précis, j'avais l'impression que si je ne m'occupais pas personnellement de quelque chose, ça pouvait très bien passer à la trappe, avec des conséquences potentiellement graves. Je n'aimais pas ce sentiment ; je ne l'aimais vraiment pas.

Ce n'était pas le seul sentiment, que je n'aimais pas durant cette période. Ce n'était vraiment pas rien de ressentir toutes les émotions qui se trouvaient convoquées le long de ce chemin insidieux du déclin simultané de mes deux parents.

Je crois fermement que si je n'avais pas déjà fait tout ce travail sur moi, je n'aurais probablement pas pu encaisser toutes ces émotions. Et lorsqu'on ressent des émotions qu'on n'arrive pas à gérer, nous les êtres humains, on trouve une façon de nous couper d'elles, sans pourtant les faire disparaître. Elles se trouvent comme encapsulées, comme un morceau d'expérience brut, non métabolisé, qui peut revenir nous hanter plus tard de plusieurs manières. Même si je n'y pensais pas forcément, ma capacité à sentir et le courage que j'ai mobilisé pour vraiment tout sentir étaient une aubaine pour l'avenir.

Ce nouveau caillot, qui créait une nouvelle urgence m'a justement occasionné des tas de ressentis. Que mon papa doive subir une cinquième opération sous anesthésie générale en à peine plus de deux mois était absolument effrayant. Il était plutôt introverti et partageait donc moins ses ressentis. Mais à travers nos échanges, je voyais bien qu'on avait le même point de vue. Il comprenait bien les risques et il était déterminé à lutter pour rester auprès de sa femme, en sachant aussi très bien qu'il ne maîtrisait pas forcément la situation. Il semblait relativement en paix avec les événements ; il avait décidément une capacité assez extraordinaire à juste être avec ce qui se présente.

La situation semblait menaçante ; ma peur modérée donnait une saveur toute particulière aux moments précédant l'opération. La qualité de présence que nous avons partagée tous les trois, avoir osé ressentir et avoir osé voir la vérité de la situation telle qu'elle était, ont permis des moments partagés vraiment précieux.

Pendant l'opération de mon papa, j'ai passé toute la journée pratiquement en apnée, mais dès que nous avons appris qu'il était de retour dans sa chambre, ma maman et moi sommes allées le voir.

Les premiers mots à sortir de sa bouche ont été : « Direction Bourron-Marlotte ! »

Il n'était pas tout à fait réveillé, j'ai simplement répondu « Oui, mais tu dois d'abord te reposer. »

Nous ne sommes pas restées très longtemps, il devait vraiment se reposer. Le lendemain, ma maman et moi avons pu retourner à son chevet. Je ne pouvais jamais vraiment prévoir ce qui serait possible avec elle, mais nous avons pu y aller. Je l'ai trouvé vivace, intellectuellement et verbalement, beaucoup plus que ces derniers temps ! C'était très encourageant.

Lors de ce voyage, ma maman était parfaitement calme avec moi et nous avons passé des moments vraiment merveilleux. Après un démarrage assez laborieux, le généraliste et moi avions finalement identifié une dose adéquate d'un des multiples médicaments potentiels pour sa maladie, qui empirait très rapidement avec la situation.

Pendant le week-end de Pâques, ma maman et moi avons fait des courses ensemble. Elle s'occupait souvent en cousant, mais elle n'avait alors rien à coudre.

Juste ses bas et de vieux morceaux de tissus. Je trouvais qu'on pouvait faire mieux que ça. Nous voilà donc parties à la recherche de broderies au point de croix. En rentrant dans la boutique, j'ai expliqué ce que je cherchais ; ma maman n'allait pas prendre un modèle pour adulte. La vendeuse nous a accompagnées au présentoir avec les broderies simples.

Ma maman a choisi une poule de Pâques, ce qui était opportun, et j'étais contente de son choix. Je lui ai proposé d'en choisir un ou deux autres, pensant que si ça marchait, ça pourrait être une activité structurée tout à fait intéressante. Ce serait également moins triste pour moi de faire du point de croix avec elle que de la voir vainement coudre n'importe quoi…

Nous avons passé un moment vraiment merveilleux avec la poule de Pâques ; elle faisait les lignes et moi je faisais les tournants. J'ai gardé cette broderie, en souvenir de cette belle journée passée ensemble.

Dimanche 1er avril, le dimanche de Pâques, nous avons accueilli la nouvelle aide de ma maman. Je ne pouvais pas rester longtemps, je voulais rentrer pour l'anniversaire de mon fils, le quatre, entre autres choses…

Stéphanie, une jeune Angolaise de vingt-deux ans, m'est immédiatement apparue comme très mature pour son âge, extrêmement professionnelle, d'un calme olympien et pourtant fantastiquement réactive. Elle laissait l'espace nécessaire à ma maman, mais, en revanche, si ma maman partait en flèche dans une mauvaise direction, Stéphanie se levait instantanément et la rattrapait en un temps record. J'étais impressionnée et très confiante, ça allait bien marcher. J'avais décidé de passer deux jours avec elles deux, pour bien me donner le temps de montrer toutes les routines et aussi pour les laisser s'habituer un peu l'une à l'autre en ma présence.

Mon papa était dans une grande forme ce jour-là, moralement au moins, blagueur et taquin comme je ne l'avais pas vu depuis très longtemps ! Il a pu se lever pour la première fois depuis l'opération, et a même fait le pitre pour les personnes assises au bout du couloir en esquissant quelques pas de danse avec son déambulateur. Il m'a aussi dit que pour la première fois, il se sentait reprendre des forces !

L'humeur collective prenait un tournant très positif. Mon papa était en bonne forme, ma maman et moi avions passé un merveilleux week-end ensemble et, cerise sur le gâteau, j'avais fait le lancement de mon premier livre en français et il avait obtenu la très convoitée bannière orange – le statut bestseller Amazon – ce soir-là.

Lundi, nous avons eu de la visite. Deux de mes cousins, Michèle et Alain, sont venus avec leurs conjoints passer un peu de temps avec nous. Nous avons bien rigolé quand ma maman prenait Thierry, le mari de Michèle, pour son frère Pierre. Ça, ce n'est pas tellement drôle, mais Pierre est le beau-père de Thierry et comme leur relation n'était pas toujours facile, ça nous a fait rire. C'était bon de rire, il y avait tellement de raisons de pleurer…

Ma maman semblait tolérer la présence de Stéphanie. J'avais bon espoir que les choses se passent bien. Je devais reprendre la route mardi, pour l'anniversaire de mon fils, le spectacle musical de ma fille et pour chanter le Requiem de Mozart avec ma chorale.

Je suis donc partie mardi comme prévu, dans une bonne dynamique : mon papa continuait à se sentir de mieux en mieux, et on nous disait qu'il pourrait rentrer vendredi. Ma maman était un peu agitée avec Stéphanie, après mon départ, mais ça semblait gérable.

Le lendemain, j'ai eu un message disant que la chambre double que j'avais vue à Bourron-Marlotte, le village voisin du mien, serait disponible vendredi, le 6 avril. Je pourrais donc apporter quelques meubles petit à petit. Avant que mes parents puissent venir, il faudrait le quitus du chirurgien et avec cinq anesthésies générales en à peine plus de deux mois, on ne prendrait aucun risque. Nous étions préparés à attendre le temps qu'il faudrait.

Pour gérer des situations de vie difficiles, cultivez votre capacité à sentir toutes vos émotions. Les hauts vous nourriront et les bas seront un peu moins difficiles — vous pouvez me croire.

OSER PARLER

Durant cette épreuve à rebondissements, oser parler a joué un rôle important à plusieurs reprises. Les conversations franches que mon papa et moi avons eues sur les décisions à prendre et la sincérité avec laquelle nous avons partagé nos points de vue nous ont permis de prendre les décisions importantes pour mes parents, de les prendre sans regret, alors que leur autonomie tombait en lambeaux.

Lorsque je suis allée réserver la chambre à la maison de retraite, il était également important de m'exprimer. J'ai obtenu une petite réduction de prix, juste en donnant voix à mes inquiétudes. Nous ne savions pas combien de temps mes parents seraient là et il me paraissait important de ne pas ajouter de pression financière à une situation déjà surpressurisée.

Les choses continuaient à bien se passer. Mon papa était chez lui, son opération de l'anévrisme semblait enfin derrière lui et toutes les complications avaient été gérées. Ma maman était plus calme à ses côtés. Ils avaient toujours de l'aide à la maison, avec

Stéphanie, cette jeune femme qui était tellement capable, malgré son jeune âge.

Mais cette perspective délicieusement optimiste a été de courte durée. Seulement deux jours plus tard, le dimanche, ma maman est devenue violente avec Stéphanie : elle l'attaquait, la frappait, la griffait et lui tirait les cheveux. En essayant de les séparer, mon papa était même tombé. Ma maman avait une force considérable.

La pauvre Stéphanie m'envoyait des textos pour me raconter tout ça, de sa chambre à l'étage, dans laquelle elle s'était calfeutrée. Elle me disait que si sa peau avait été blanche, elle aurait été rouge et couverte de bleus. J'ai dû rassurer Stéphanie que je croyais sans difficulté chacun de ses mots. Je savais que ma maman, dans sa maladie, était capable de tout ça, que les bleus se voient ou non.

Et pourtant, même si Stéphanie était blessée et que mon papa était également en danger, il refusait d'appeler un médecin pour avoir un conseil. Ça me semblait tellement dingue ! Mais je me suis dit que, de nouveau, il craignait sans doute qu'on emmène ma maman et qu'on l'enferme. Il avait tellement peur de ça, il savait combien elle serait perdue, sans lui et hors de sa maison, et il l'aimait tellement.

Je ne saurai jamais si c'était pour cette raison qu'il refusait d'appeler un médecin, mais en tous cas je ne pouvais pas les laisser dans une telle situation. C'était tellement difficile pour moi, mais encore plus pour ma maman, mon papa et la pauvre Stéphanie. Je devais faire quelque chose et je ne savais pas quoi ! À vingt heures ce soir-là, j'étais en route vers un village voisin, pour chanter le Requiem de Mozart avec ma chorale. Ça me semblait lourd de chanter ça dans un moment pareil, mais c'est une tellement belle œuvre musicale. C'était également important que je reste bien ancrée dans ma vie, alors que j'étais tellement tournée vers celle de mes parents.

Tout d'un coup, à mi-chemin entre chez moi et l'église dans laquelle le concert allait bientôt commencer, j'ai pensé au couple de pharmaciens près de chez mes parents. Ils nous avaient témoigné beaucoup de sympathie au fil du déclin de ma maman. Ils avaient vécu une situation similaire avec la maman de monsieur, ça leur rappelait des souvenirs chargés d'émotion. Ils m'avaient répété maintes fois d'appeler si j'avais besoin de quoique ce soit. J'avais vraiment besoin de quelqu'un qui aille aider mon papa. Je les ai donc appelés, ils voulaient *vraiment* bien nous aider.

Ils sont allés chez mes parents. Mon papa avait en fait déjà appelé un médecin, se rendant lui-même à l'évidence qu'il fallait faire quelque chose. Le médecin de garde est arrivé juste après les pharmaciens. Ma maman les menaçait violemment donc ils sont restés dehors et ont surveillé de loin par les fenêtres, ils sont restés jusqu'à ce que les choses se calment. J'avais tellement de gratitude pour eux ! J'en ai encore et ça fait presque cinq ans au moment où j'écris ces lignes.

Dimanche et lundi, les choses se passaient mieux et je retrouvais de l'espoir. Vous voyez peut-être un motif : j'ai de l'espoir, quelque chose tourne mal, ça va un peu mieux, j'ai de nouveau de l'espoir, et on recommence…

Mais lundi soir, retour des complications. Stéphanie m'a écrit que ma maman l'avait prise par les cheveux pour la tirer hors de la maison, elle n'en pouvait plus et elle voulait que j'appelle l'agence pour qu'ils envoient quelqu'un d'autre. Mais le bruit avait couru que ma maman était violente avec les aides. Personne ne voulait donc venir. On pouvait difficilement le leur reprocher.

Ça nous mettait dans un sale pétrin. Mon papa était affaibli et ne pouvait vraiment pas s'occuper de tout lui-même ; ma maman jetait dehors les aides, littéralement ; et moi, leur fille unique, j'habitais à quatre ou cinq heures de route.

L'infirmière responsable de l'équipe qui venait chez eux était très bien connectée. Elle a donc trouvé quelqu'un qui pouvait venir quelques heures par jour. Mon papa a commandé des repas livrés à domicile qu'il faudrait juste réchauffer, même si juste réchauffer et mettre la table, c'était beaucoup pour lui ; il était profondément fatigué par ses cinq opérations en deux mois.

J'allais revenir bientôt. Il fallait tenir encore un peu, jusqu'à ce qu'ils puissent emménager dans leur chambre en maison de retraite, près de chez moi. Mon papa et moi, on décomptait les jours.

S'exprimer ça peut aider les autres, nous-mêmes aussi, à savoir ce qu'on pense. Partager ses pensées avec un autre être humain, ça crée la possibilité de connexion.

SINCÈREMENT PARTAGER

QUAND LA VÉRITÉ EST NOUVELLE ET FAIT PEUR

Une tendance se dessinait. Le 17 avril, je suis retournée chez mes parents avec Gabrielle et Oscar, âgés respectivement de vingt-deux et de seize ans à l'époque. Nous étions juste là pour donner un coup de main, pour passer du temps avec eux et pour partager un peu leur expérience.

Je voulais que ma maman puisse profiter du protocole du Docteur Bredesen, un médecin américain, qui donnait des résultats encourageants pour récupérer son cerveau. Il y avait une naturopathe en Belgique qui était certifiée dans ce protocole et j'avais obtenu un rendez-vous avec elle durant ma visite.

Sincèrement partager à ce stade signifiait que j'étais engagée pour tenter tout ce que je pouvais pour trouver de l'aide pour ma maman. Je l'ai conduite chez la naturopathe, à environ une heure de route de chez mes parents. Elle appréciait le trajet en voiture et regardait le paysage arborant un sourire paisible. C'était vraiment une expérience agréable à partager avec elle, après toutes nos difficultés récentes.

Le rendez-vous s'est bien passé, ma maman était intéressée et coopérative. Nous avons passé une belle après-midi ensemble.

PARTAGER L'EXPÉRIENCE VÉCUE

Les enfants et moi sommes restés quelques jours. Nous avons pu faire beaucoup pour mon papa, en aidant avec les repas, mais aussi en distrayant ma maman pour que lui puisse souffler. Nous lui avons aussi offert le plaisir de nous avoir près de lui, partageant son expérience.

Mes parents étaient très contents de nous voir et la présence de mes enfants permettait beaucoup de soutien, émotionnel et autre. Quelqu'un pouvait passer du temps avec ma maman pendant que quelqu'un réchauffait le repas et que quelqu'un d'autre mettait la table, et mon papa pouvait profiter d'un moment de repos. Il était tellement épuisé par les opérations et son cœur saignait de voir l'amour de sa vie décliner de cette manière.

Pouvoir vraiment partager leur expérience vécue était significatif pour nous. Bien des personnes – peut-être que vous aussi — fuient devant les interactions difficiles, mais il y a tellement à perdre dans cette fuite.

Après tout ça, nous sommes rentrés chez nous, avec un peu de meubles. J'aurais quelques voyages à faire pour apporter le mobilier nécessaire pour leur chambre en maison de retraite.

Dimanche 29 avril, je me suis remise au volant pour mon septième aller-retour de 2018, j'allais passer un petit week-end. Une fois de plus, j'ai donné du soutien, j'ai vérifié comment ça se passait et j'ai rempli ma voiture de choses à emmener dans leur chambre à Bourron-Marlotte.

Tout semblait se passer correctement, mon papa reprenait un peu de forces, les infirmières venaient tous les jours pour laver ma maman et les repas chauds étaient livrés. Un vrai répit dans la succession infernale. Ils se débrouillaient pas mal. Quel soulagement !

Juste à côté de ce soulagement subsistait la conscience désagréable que c'était devenu trop pour eux de rester seuls dans leur maison. Oui, c'était gérable avec un peu d'aide et mes visites fréquentes, mais plus vite ils pourraient s'installer à la maison de retraite, mieux ce serait. En tous cas, c'est l'espoir auquel nous étions agrippés.

Pouvez-vous vraiment dire que vous connaissez quelqu'un si vous n'avez pas partagé son expérience vécue ? Et ce n'est possible que si vous renoncez à la politique de l'autruche.

PARTAGER DU TEMPS

Puisque nous nous voyions très régulièrement depuis longtemps, je connaissais bien plusieurs de leurs conversations récentes. Par exemple, ils étaient d'accord pour dire que mon papa allait mourir le premier. Ma maman parlait d'emménager dans un appartement et, comme elle savait qu'elle vivrait plus longtemps que lui, elle disait que ce serait mieux de déménager avec lui que sans lui. Il est vrai que ma grand-mère maternelle avait vécu jusqu'à l'âge respectable de nonante-deux ans (quatre-vingt-douze pour les Français) et elle vivait encore seule trois mois avant sa mort. En revanche, le papa de mon papa, sa tante et son oncle sont tous morts entre cinquante-cinq et soixante-cinq ans. La vision d'avenir de mes parents tenait la route. Ma maman avait de meilleurs gènes. Quoiqu'il en soit, mon papa avait toujours dit qu'il voulait rester dans la maison le plus longtemps possible.

Nous étions donc confrontés au fait que « le plus longtemps possible » était devenu « trop longtemps », en un claquement de doigts. Et nous vivions ces « trop longs » mois nécessaires à la réorganisation à venir.

C'était à la fois très pesant et un cadeau de la vie de pouvoir passer tout ce temps avec mes parents, aux prises avec la question profondément humaine de comment gérer sa fin de vie de façon responsable et délibérée.

Le 1er mai 2018, je suis allée à la maison de retraite, ma voiture pleine à craquer des affaires de mes parents. La chambre était à leur nom depuis près d'un mois, ça me donnait le temps nécessaire pour que leur nouvel environnement soit aussi familier que possible pour ma maman, qui serait certainement cruellement désorientée. Mon papa n'en avait que trop conscience, alors que moi je faisais bonne figure, la figure de l'espoir, portant toujours la possibilité que les choses se passent mieux que ce que nous craignions. Je pensais sincèrement que les choses pourraient bien se passer, mais cet espoir me protégeait aussi de crouler sous les multiples possibilités que tout s'effondre de façon triste, épuisante et inexorable.

Le 12 mai, pour mes cinquante ans, j'avais envie de faire la fête au milieu de toutes ces difficultés, de prendre un moment de plaisir, entourée de mes proches, de manger, de boire, d'échanger et de danser. J'adore danser et c'est un bon défouloir. Mes parents auraient bien sûr été invités et ils auraient été contents de venir, mais malheureusement ce n'était pas vraiment possible. C'était une très belle fête et j'étais contente que les gens présents soient là. Ce serait un souvenir chaleureux que je pourrais chérir, avec le soutien de mon papa qui était content que je fasse quelque chose pour moi.

C'est une aubaine de pouvoir passer du temps avec un autre être humain aux prises avec la question profondément humaine de comment gérer sa fin de vie de façon responsable et délibérée.

PARTAGER SES RESSENTIS

Le vendredi suivant, le 18 mai, j'ai à nouveau pris la route vers chez mes parents, pour la huitième fois depuis le début de l'année, pour continuer à leur apporter mon soutien. Nous découvrions que rester dans la maison le plus longtemps possible était une excellente stratégie tant qu'ils le pouvaient, mais une piètre stratégie lorsqu'est arrivé le moment où ils ne le pouvaient plus.

Je portais une bonne partie du poids qui découlait de la soudaine inadéquation de cette stratégie. Cette situation détournait mon attention, c'était devenu ma priorité numéro un. Le prix à payer serait plus grand que ce que je pouvais concevoir, mais dans l'instant, c'était ce que j'avais à faire et la profondeur de partage émotionnel était une belle récompense.

Mon papa et moi parlions ouvertement de toutes les hésitations, des préoccupations, des espoirs, mais aussi du désespoir et des beaux moments que nous étions en train de créer ensemble. Mon papa et moi avions de longue date des conversations sincères et ouvertes et la situation nous en proposait beaucoup.

Nous, les humains, sommes des êtres sociaux. Pourtant, la plupart des gens que je rencontre ne partagent que très superficiellement leur expérience d'humain. Durant mes visites rapprochées chez mes parents, alors qu'ils étaient dans le besoin, nous n'avons pas manqué de partages en profondeur.

Lors de ce voyage, j'ai emporté encore des meubles et des décorations pour la nouvelle et dernière demeure de mes parents. Les plans pour le déménagement étaient finalisés : j'arriverais le 16 juin, pour les aider à boucler leurs bagages et nous occuper des tâches administratives. Le 17, nous partagerions un repas avec leurs familles et leurs amis. Le18, nous irions à la maison communale pour signer les papiers signifiant le départ de la commune — et aussi du pays. Enfin le 19, nous prendrions la route de Bourron-Marlotte et de la maison de retraite toute proche de chez moi. Ça serait forcément plus facile comme ça.

J'avais déjà bien avancé dans l'installation de la chambre avec les choses que j'avais prises chez mes parents. J'avais montré à mon papa des photos de la chambre, du bâtiment et du parc tout autour. Le parc était un magnifique bonus. Mon papa, qui avait grandi en Afrique, aimait avoir un espace extérieur. Cet endroit cochait toutes les cases : une chambre double, un cadre magnifique, un trajet formidable d'à peine deux kilomètres de chez moi, du personnel formé à la méthode Montessori, et un chef qui préparait les repas sur place — il y avait tellement de bonnes choses.

Mais ça restait tout de même un grand changement pour mes parents. Ma maman ne réalisait pas vraiment ce qui se passait, mais le lendemain matin, au petit-déjeuner, on en parlait avec mon papa. Nous avons dû prononcer le mot « home ». Tout d'un coup, ma maman a quitté la table en pleurant. Mon papa, dont le cœur se serrait à chacune de ses larmes, l'a rejointe pour comprendre ce qui n'allait pas. Elle a dit qu'elle ne voulait pas aller en home (belgicisme pour *maison de retraite*).

Ça, on le savait.

Elle avait toujours dit qu'avec ses allergies respiratoires, elle allait mourir étouffée dans un home et que personne ne nettoierait la chambre suffisamment bien. Ça la souciait beaucoup lorsqu'elle avait encore toute sa tête. Curieusement, avec son déclin cognitif, ses allergies avaient disparu. Mais pas la peur du home. Et ce matin-là, elle avait contacté cette peur. C'était vraiment déchirant.

Mon papa avait réussi à l'apaiser, il y arrivait bien. Il était tellement incroyablement triste de la voir décliner de cette manière, bien plus que ce qu'il exprimait, mais c'était palpable. Elle lui échappait, mais il l'aimait toujours, peut-être même plus qu'au premier jour.

Lui qui n'avait jamais imaginé aller en maison de retraite, était profondément engagé à rester à ses côtés jusqu'à la fin.

Il allait de mieux en mieux, mais il restait faible. Des activités précédemment routinières, comme préparer le petit-déjeuner ou sortir les poubelles, étaient devenues presque trop pour lui. La situation était donc plutôt tendue et le soutien manquait cruellement. Nous décomptions les jours jusqu'au 19 juin, à chacune de nos conversations un de nous dirait combien de jours restaient. C'était le soulagement à l'horizon.

J'y allais un week-end sur deux à ce stade et chaque fois je montrais des photos de la chambre, à mesure que j'y installais des choses. Dimanche 20 mai, j'ai encore chargé ma voiture. Il manquait un aller-retour pour prendre le reste, je serais donc de retour deux semaines plus tard.

Lorsque les situations difficiles se prolongent, de nombreux ressentis apparaissent. Je vous invite à apprendre à tous les aimer.

À PROPOS DE SOUTIEN

DONNER DU SOUTIEN, AVOIR BESOIN DE SOUTIEN, RECEVOIR DU SOUTIEN, OU PAS

ÊTRE UNE PERSONNE SOUTIEN

Comme prévu, j'étais de retour le week-end du 2 juin pour apporter plus de soutien. Mes parents vivaient au rez-de-chaussée, dans leur plain-pied parfaitement équipé (ma maman l'avait conçu dans ce but lors de l'élaboration des plans de la maison), ce qui me permettait de prendre le mobilier des pièces de l'étage. Ainsi, l'environnement de ma maman restait inchangé et elle pouvait vivre dans son cadre familier jusqu'au déménagement.

Le changement d'environnement est très difficile pour les personnes souffrant de déclin cognitif. Je pouvais prendre tous ces meubles sans perturber l'environnement de ma maman, mais c'était au service de quelque chose qui allait massivement perturber son environnement.

Le 4 juin, j'ai complété mon neuvième aller-retour de l'année. J'ai emporté avec moi les dernières choses nécessaires pour le confort de mes parents dans leur chambre à venir, pour leur confort matériel en tous cas. Ce serait un énorme changement pour eux et c'était un gros projet pour moi. J'y mettais tout le cœur et le courage que j'arrivais à mobiliser.

Le déménagement

Le samedi 16 juin 2018 est enfin arrivé. C'était le jour où je suis allée chez mes parents avec une voiture vide, portant une lourde tâche. C'était ma responsabilité de m'assurer que mes parents avaient tout ce qu'il leur fallait pour leur dernier déménagement et pour passer le restant de leurs jours dans la maison de retraite à Bourron-Marlotte.

Et nous avons pris soin de dire au revoir à toutes les personnes importantes dans leurs vies. Deux de mes cousines m'avaient aidée à organiser un repas de type auberge espagnole avec la famille et les amis proches de mes parents.

Je suis arrivée en début de soirée le samedi, avec quelques jours ardus et signifiants à venir. Mes parents étaient contents de me voir. C'était vraiment charmant de voir ma maman, qui avait perdu presque toutes ses capacités mentales, qui me reconnaissait clairement et était heureuse de me voir ; son visage s'est éclairé d'un grand sourire dès qu'elle m'a vue. Mon papa, qui avait en revanche toute sa tête, mais souffrait de déclin physique, était heureux et soulagé de me voir et aussi, comme toujours, un peu soucieux que j'en fasse trop. J'avais balayé ses soucis bien des fois les six derniers mois, et je continuerais à les balayer. Ce n'est que bien plus tard que j'ai réalisé tout ce que j'avais donné et l'impact que ça a pu avoir sur mon énergie et mon corps. À ce moment-là, je faisais exactement ce qui me semblait juste, au fond de moi.

Être une personne soutien peut être un rôle très gratifiant, mais il faut prendre garde à ne pas trop donner.

LES AMIS ET LA FAMILLE

Dimanche fut une merveilleuse journée. La plupart de la famille et des amis proches de mes parents étaient réunis, apportant chacun sa contribution au buffet, pour passer une après-midi avec eux, chez eux, pour la dernière fois. L'atmosphère était vraiment chaleureuse, affectueuse et positive. Les frère et sœurs de mon papa, le frère de ma maman, certains de mes cousins, les amis proches de mes parents, le partenaire de bridge de mon papa et mon amie Natacha étaient tous là. Il y avait plein d'amour et des décennies de relations signifiantes ; c'était vraiment une magnifique journée.

Ma maman était assise dans le canapé, elle souriait. Je pense qu'elle devait reconnaître la plupart de ces gens et elle était vraiment paisible et contente de les voir. Son bonheur aussi était beau à voir.

Après le départ de tout le monde, mon papa et moi savions qu'il nous restait du travail. Nous devions finir de préparer tout ce que mes parents avaient besoin de prendre avec eux dans leur nouveau chez eux.

Je reviendrais plus tard finir de vider la maison.

Le lundi, nous sommes allés à la maison communale, pour que mes parents signent le document qui officialisait leur départ. C'était bon de finalement aller de l'avant, mais c'était également très émouvant, même si mon papa gardait ses émotions pour lui et ma maman ne semblait pas tout à fait réaliser ce qui se passait.

Quitter la vie qu'ils s'étaient construite devait quand même être douloureux. Dans leur environnement proche, mon papa avait trouvé son bureau de tabac pour ses cigarillos, son boucher à l'ancienne pour la viande qu'il aimait tant, la boulangerie pour le pain et les desserts qu'il achetait toujours pour nos visites, et une pharmacie qui a apporté une aide cruciale à la fin. Ma maman avait même trouvé un magasin bio pour des fruits et légumes de qualité. C'était un petit coin de paradis pour eux. Ils avaient aussi leur abonnement aux concerts de musique classique et mon papa avait son partenaire de bridge, le même depuis vingt-six ans, avec qui il avait gagné bien des tournois !

Toute cette partie de leur vie touchait à sa fin.

J'étais tellement focalisée sur ce qu'il fallait faire que je n'ai pas complètement pris la mesure – ni fait l'expérience – de la portée de cette fin. Mon papa avait sans doute l'esprit encore plus pragmatique que moi : il voulait être avec sa femme et il n'y arrivait plus tout seul. Il avait compris que venir près de chez moi était le meilleur choix, ou en tous cas le moins mauvais, je suppose. Je soutenais ce choix ; c'était aussi l'option que je préférais. Nous étions concentrés là-dessus.

Ce soir-là, mon papa et moi avons bavardé autour de la table de la cuisine, après le coucher de ma maman, comme nous le faisions souvent. Les cinq derniers mois étaient vraiment un passage difficile et nous étions contents d'en être arrivés là : un soulagement après des épreuves oppressantes. Nous étions prêts pour l'étape suivante, en tous cas c'est ce que nous pensions.

Nous nous sommes levés tôt le lendemain, mardi 19 juin 2018, pour être sûrs d'arriver à temps à la maison de retraite. Mon amie Natacha est venue nous dire au revoir, mes parents étaient importants pour elle aussi.

Quand je pense à la confiance de ma maman, j'ai toujours une bouffée d'émotions. Elle est montée dans ma voiture, le sourire aux lèvres, ne comprenant vraiment pas ce qui était en train de se passer. Mais moi, je savais que je l'arrachais à son paradis personnel.

Sa confiance en moi et le fait qu'elle était assise à l'arrière avec son mari ont rendu le départ facile, c'était bien. Les choses avaient été bien assez difficiles. Mais mon papa était bien plus inquiet que moi concernant l'impact de ce changement.

Je pensais naïvement que d'avoir les meubles de leur maison et leurs cadres serait aidant, mais mon papa n'en était pas sûr. Je n'en savais rien, bien sûr, mais j'espérais toujours une issue favorable et j'étais vraiment investie dans une version optimiste d'un avenir possible.

Le trajet était long. Nous nous sommes arrêtés au restaurant favori de ma maman, à une aire d'autoroute. J'espérais qu'elle aurait un souvenir de l'endroit. Par le passé, elle parlait toujours de manger là lors de leurs voyages chez moi. Mais cette fois, elle était extrêmement anxieuse. Le personnel, en revanche, la reconnaissait. Leur peine pour nous était visible. Plusieurs personnes avaient un air de pitié sur le visage alors qu'ils nous observaient, mon papa et moi, en train d'essayer d'apaiser ma pauvre maman terrorisée.

Le couple à la table voisine n'arrêtait pas de nous regarder. Je me demandais si nous nous connaissions. Ils nous ont enfin parlé. Ils m'ont complimentée sur la façon dont je gérais la situation.

Ils avaient eu un membre de leur famille avec un trouble semblable et ils se souvenaient bien des difficultés qu'ils avaient vécues. Mon papa était frappé du nombre de personnes qui nous partageaient qu'ils avaient eu un cas similaire dans leur famille.

Après le déjeuner, nous avons repris la route. Ma maman aimait bien être dans la voiture avec sa fille et son mari. Ce n'était pas du tout menaçant pour elle.

Nous sommes enfin arrivés à la maison de retraite, environ quarante-cinq minutes en retard pour le dîner et nous n'avions aucune idée de ce qui nous attendait.

Les amis et la famille sont le sel de la vie — ce ne sont pas toujours des relations faciles, mais on peut en apprendre beaucoup si on se le permet.

LORSQU'ON MANQUE DE SOUTIEN

Le personnel était très accueillant ; ils nous ont menés vers la pièce où les résidents pouvaient manger quand ils avaient de la visite. Nous nous sommes assis tous les trois autour de la table et différents membres du personnel sont venus nous saluer.

Pendant le repas, ma maman était plutôt agitée, mais ce n'était rien par rapport à ce qui nous attendait.

La prochaine étape de cette très longue journée était l'installation de mes parents dans leur chambre. J'avais nourri l'espoir que d'avoir du mobilier familier serait apaisant pour ma maman. Mon papa était facile ; tout irait bien pour lui du moment que ça allait pour elle. Mais c'est exactement ce but qui serait impossible à atteindre.

Lorsque nous sommes entrés dans la chambre, ma maman a immédiatement attrapé ses sacs pour les sortir de la pièce. Elle voulait partir, avec détermination et même un peu de violence. Mon papa et moi, assez fatigués du voyage et franchement des derniers six mois, chacun à notre manière, nous étions tous les deux profondément démunis de constater la tournure des événements. Mon papa s'y attendait sans doute plus que moi.

Ma maman avait une énergie, une endurance et une force incroyables. Lorsque l'infirmière s'est accroupie face à elle pour essayer de la réconforter, elle l'a repoussée tellement fort que l'infirmière est tombée à la renverse. J'étais abasourdie de voir ma maman mobilisée de la sorte.

Mon papa et moi, avec le personnel médical, avons décidé qu'il serait bon de lui donner un léger sédatif, pour qu'elle puisse, pour que nous puissions tous dormir un peu.

L'équipe de nuit, après le départ du médecin, était cependant limitée dans ce qu'ils pouvaient proposer. Nous avons tout essayé, toutes les possibilités disponibles. Rien n'a changé.

Ce qui aurait dû l'assommer complètement n'a eu aucun effet. Vers 23 h 30, nous avons décidé d'aller aux urgences de l'hôpital. De retour dans ma voiture, ma maman était contente. Dans la salle d'attente de l'hôpital avec nous, elle était calme. Elle semblait détendue et de bonne humeur. Elle avait toujours aimé les environnements médicaux, elle s'y sentait en sécurité. Et elle s'y trouvait avec son mari et sa fille. Ses deux personnes soutien étaient épuisées : mon papa à cause de tous ses soucis de santé et moi parce que j'avais conduit toute la journée et j'avais déjà porté beaucoup, au propre comme au figuré… tous ces meubles…

Malgré l'heure tardive, ma maman était complètement réveillée, et on nous a dit que nous aurions une attente de quatre à cinq heures. Cette prédiction était un peu terrifiante, mais après environ trente minutes, quelqu'un est venu nous dire qu'on pouvait aller à la consultation de SOS Médecins, juste à côté. Le médecin pourrait nous recevoir après son dernier patient. La personne disait que ce serait mieux pour nous que d'attendre toute la nuit. Et comment! Gratitude ! Nous voilà repartis.

Un peu avant une heure du matin, le médecin nous a reçus tous les trois. Ma maman lui a souri et avait l'air vraiment paisible. Je pensais que le médecin se demanderait quelle farce nous étions en train de lui faire. Mais il croyait tout ce que je lui racontais, surtout que mon papa, visiblement exténué, validait vigoureusement mes propos. Le médecin a prescrit un traitement fort, un neuroleptique puissant. Il a fait une ordonnance pour cinq jours et nous a ensuite indiqué la pharmacie de garde, à vingt minutes de route dans le mauvais sens. C'était la journée sans fin.

Nous avons donné les médicaments à ma maman directement en sortant de la pharmacie, en espérant que ça la calme pendant le trajet en voiture.

Lorsque nous sommes enfin rentrés à la maison de retraite, il était presque deux heures du matin. Loin d'être tranquillisée, ma maman ne voulait toujours pas de ce plan absurde. Elle reprenait ses sacs et les reprenait encore pour essayer de s'échapper. C'est toujours poignant, jusqu'à ce jour, de penser à comment son monde s'écroulait en cet instant. Mon papa et moi avions décompté les jours jusqu'à celui-ci, un par un. Nous avions attendu ce jour comme on attend le printemps au milieu d'une tempête hivernale.

Ce n'était vraiment pas le soulagement que nous avions espéré. Franchement, nous commencions à douter qu'il y en ait un jour.

Nous étions pourtant si sûrs que c'était le meilleur choix !

Parfois, la meilleure décision est vraiment insatisfaisante. Nous étions dans ce cas.

Vers 5 h 30, mes parents étaient tous les deux allongés et les choses semblaient s'être apaisées. Je me suis dit qu'ils allaient s'endormir et que je pourrais en faire autant. Cette journée durait déjà depuis vingt-deux heures !

J'ai appris le lendemain que ma maman ne s'était endormie que vers 6 h 30. C'était tout simplement incroyable après tous les sédatifs qu'on lui avait donnés.

Les jours suivants ont été difficiles. La sédation de ma maman était telle que c'était très pénible à voir pour mon papa, mais au moins il pouvait se reposer. Et lorsque j'ai emmené Oscar et Stella, mes deux plus jeunes enfants, pour le voir le lendemain, sa joie lorsqu'il les a vus a vraiment tout validé. Son visage était tout sourire, rayonnant de joie à cet instant. C'est pour ça qu'ils étaient venus en maison de retraite près de chez moi : pour qu'on puisse se voir facilement et souvent.

Jusqu'à la fin, j'ai eu des doutes récurrents, me demandant si nous avions fait le bon choix. Ma maman avait trouvé tellement difficile de quitter la maison qu'elle aimait tellement. Mon papa me rappelait que nous n'avions pas eu le choix, qu'ils *devaient* quitter leur maison. J'ai parfois encore du mal à m'en convaincre.

Mon cerveau rationnel comprend bien, mais émotionnellement, je me demandais si on n'aurait pas pu les laisser chez eux. C'est bien comme ça que s'articule le déni. Il reste possible que même après tout ce que j'ai fait, toutes les façons dont j'ai été juste là avec mes parents, contre vents et marées, je n'avais toujours pas intégré qu'en fait les choses n'étaient vraiment plus comme elles avaient été. Le déclin de nos parents nous force à affronter plusieurs niveaux de réalisation. Il est possible que je n'aie pas encore fini.

Néanmoins, nos efforts semblaient en valoir la peine : quand j'arrivais à leur rendre visite tous les jours pour voir comment ils allaient et passer un peu de temps avec mon papa. J'étais vraiment contente de pouvoir le faire. J'appréciais sa compagnie ; je ne suis pas sûre qu'il l'ait bien compris. Il était toujours content de me voir et moi j'étais contente d'apporter ce sourire à son visage.

Il avait enduré tant de choses ! Il était la tête pour eux deux et il avait été si courageux dans sa décision d'aller en maison de retraite avec elle, même si certains de ses proches ne comprenaient vraiment pas.

Ce que peu de gens comprenaient c'est qu'il avait besoin d'être avec ma maman, quoi qu'il en coûte. Ce serait seulement un an plus tard que nous comprendrions à quel point c'était vrai.

Parfois on reçoit tout le soutien dont on a rêvé, mais ce n'est finalement pas suffisant. Ça peut arriver.

DES DEMANDES INCESSANTES

Le 29 juin, tout juste dix jours après avoir ramené mes parents près de chez moi, je suis retournée chez eux pour vider la maison. C'était mon onzième voyage !

Le rez-de-chaussée, où mes parents vivaient, était resté à peu près intact, pour perturber ma maman le moins possible. Il était temps de faire face aux tâches nécessaires pour vider et vendre la maison.

J'avais tout organisé, comme je sais le faire. Un antiquaire avait fait une offre pour tous les beaux meubles danois, en teck, qu'ils avaient eus pendant tout leur mariage. C'était un peu un brise-cœur de tout vendre, mais c'était aussi un vrai soulagement de trouver quelqu'un qui les achèterait. J'ai fourni un réel effort pour donner une vie de plus à autant d'effets personnels de mes parents que possible. J'ai réussi à vendre d'autres meubles, l'ameublement d'une chambre est allé à une famille de réfugiés qui venaient d'avoir leurs papiers, j'ai même trouvé un acheteur pour l'équipement audiovisuel et il y a eu plusieurs chargements de voiture pour les gens dans le besoin. Après six jours de travail soutenu pour vider la maison, avec l'aide de plusieurs proches, il était temps pour moi de rentrer. Nous avons donc rangé dans le garage les derniers effets personnels que je n'avais pas encore triés, et nous avons préparé la maison pour des visites potentielles.

Vers 19 h 30 le 5 juillet, je me suis remise au volant pour faire l'autre moitié de mon onzième aller-retour de l'année. Je suis rentrée chez moi avec encore un coffre rempli de choses que je mettrais dans mon garage, auprès de tout ce qui y était déjà.

Seulement une semaine plus tard, le 12 juillet, mon papa avait un rendez-vous pour vérifier son pacemaker. Ça devait être une visite de routine, mais un gros coup de stress nous a secoués ou en tous cas m'a secouée. Le cardiologue était catégorique. Le pacemaker devait être changé, urgemment. Il était en fin de vie et celle de mon papa en dépendait !

Purée, je m'en serais bien passée ! Mon papa semblait très calme. Son seul souci c'était ma maman ; il ne s'inquiétait vraiment pas beaucoup pour lui. Nous avons pris un rendez-vous pour changer le soutien vital défectueux de mon papa, pour la semaine suivante, le 19 juillet. Et avec un peu de chance, il survivrait jusque là ! J'avais un peu les nerfs à fleur de peau.

Et comme si ce niveau d'alerte ne suffisait pas, alors que j'étais tranquillement chez moi avec mon homme le 15 juillet, après avoir fêté le 14 juillet ensemble la veille, mon téléphone a sonné. C'était la maison de retraite. Mon papa avait de la fièvre et il ne voulait pas entendre parler d'aller à l'hôpital, le seul endroit où on pouvait voir un médecin un dimanche.

J'y suis allée bien sûr, comme toujours. Mon papa était manifestement affaibli. Il refusait d'aller à l'hôpital parce qu'il ne voulait pas laisser ma maman. Cette situation commençait un peu à m'énerver. Après tout, s'il ne prenait pas un peu soin de lui, il pourrait bien la laisser pour de bon ! Je pense que cet argument l'a convaincu.

Il avait une infection urinaire. Ils ont décidé de le garder sous surveillance pour la nuit et ils ont programmé une échographie le lendemain. Mon papa avait déjà fait une infection urinaire trois mois plus tôt et son chirurgien en Belgique lui avait recommandé de faire une échographie à son arrivée en France parce qu'il y avait une tache sur le scanner de contrôle de l'anévrisme. Le chirurgien pensait que ça pourrait être dû à la récente infection urinaire, mais il recommandait une vérification. Mon papa s'en était souvenu et il avait pensé à demander au personnel de l'hôpital de prévoir cette échographie. J'étais épatée.

Les plus mauvaises nouvelles jusqu'alors nous sont tombées dessus le 17 juillet. L'échographie montrait une tumeur de la taille d'un steak haché. Sept sur sept sur trois centimètres. On nous a dit de consulter un urologue en urgence. J'avais un voyage prévu le lendemain et un avion à prendre. Mais on allait s'arranger pour le rendez-vous médical.

Parfois on pense qu'une crise est passée, que le problème a été réglé et qu'on est tiré d'embarras. Et ensuite les choses empirent encore. La vie n'est pas toujours aimable.

UN PETIT RÉPIT ?

Le lendemain matin, après avoir fait ma valise, je suis allée chercher mon papa à la maison de retraite et nous sommes allés voir l'urologue. La situation semblait critique. Le changement de pacemaker ne pouvait pas se faire comme prévu à cause de l'infection et l'opération de la vessie ne pouvait pas se faire avant le changement de pacemaker, c'était trop risqué.

Dans cette situation effrayante et d'une complexité absurde, j'ai ramené mon papa auprès de ma maman à la maison de retraite et je suis rentrée chez moi trente minutes avant l'arrivée de mon taxi.

Je craignais de ne pas revoir mon papa. C'est toujours une possibilité, bien sûr, mais on n'y pense habituellement pas. Mon papa et moi en avions beaucoup parlé et je lui avais clairement dit que j'espérais le revoir. Cette incertitude intrinsèque semblait être à son apogée. Mais je devais y aller. J'avais un voyage prévu aux États-Unis pour voir des amis et de la famille et aussi assister à un séminaire qui avait le potentiel de m'aider à avancer professionnellement. Nous en avions beaucoup parlé, j'étais pourtant tentée de rester. Et si je ne le revoyais pas ? Est-ce que je me pardonnerais d'être partie ? Mais j'avais besoin de cette coupure et il voulait que j'y aille. Il n'était pas tout à fait à l'aise avec tout ce que je faisais pour lui de toute façon. Jamais il ne me demanderait de rester ! Finalement, il fallait que je fasse la paix avec la possibilité de ne pas le revoir. Ce n'était pas facile, mais j'avais juste besoin de m'éloigner de cette situation pour un temps. Je devais y aller.

Opérations #6, #7, et #8

Pendant mon absence, le pacemaker de mon papa a été remplacé, la moins grave de toutes ses opérations, et ensuite il a eu encore deux autres interventions. La première pour retirer un morceau de la tumeur, suffisant pour l'analyser. Cette opération-là s'est faite sous péridurale et mon papa a pu la regarder sur un écran. Il a trouvé cette expérience plutôt chouette. Un caillot a nécessité une nouvelle opération, sous anesthésie générale. Un abonnement aux anesthésies générales, ça existe ? Mon papa avait l'air d'en avoir un. Il a été tranquille pendant quelques jours. Ensuite, la nouvelle est tombée. L'analyse de la tumeur a montré qu'elle était cancéreuse, qu'elle avait traversé toutes les couches de sa vessie et qu'elle s'était étendue à sa prostate.

Ce qui signifiait que mon papa subirait encore une opération pour retirer sa vessie et sa prostate. Cette opération importante était prévue pour le mois de septembre, mais nécessitait un examen physique complet pour être sûr que la chirurgie en valait la peine. Le chirurgien était optimiste ; il était assez sûr de pouvoir enlever toute la tumeur ! Son optimisme était comme une tasse de cacao chaud crémeux dans un environnement glacial par ailleurs.

J'étais physiquement absente, mais je pensais à lui sans arrêt et je lui envoyais toutes les bonnes ondes que je pouvais.

Au mois d'août, la France ralentit beaucoup et dans certains secteurs presque jusqu'à l'arrêt. C'est un bon moment pour prendre une partie des cinq semaines de congés payés dont les travailleurs salariés disposent légalement. Pendant ce temps, ma fille aînée Clara, qui était en Gambie avec le Peace Corps (une ONG américaine) depuis fin 2017, rentrait à la maison pour trois semaines. Elle avait prévu une semaine avec ses amis, une avec moi et une autre avec son père. Sympa. Mais j'ai décidé de piquer quelques heures à ses amis et d'aller en Belgique, avec Oscar et Stella, pour lui souhaiter la bienvenue à la maison. Nous l'avons vue à Louvain-la-Neuve où elle et moi avions été étudiantes et où mon papa avait été professeur pendant plusieurs décennies. Nous avons aussi vu ma tante Sheila, c'était important pour Clara. Nous sommes partis après le déjeuner.

Oscar, Stella et moi sommes allés voir la maison de mes parents. Nous avons rempli mon coffre de choses restées dans leur garage. Ce voyage était un de mes mélanges savants. Je savais que je ne pourrais pas transporter tout le contenu du garage en un voyage, donc un voyage pour remplir mon coffre et voir ma fille, c'était très satisfaisant. Pendant qu'on y était, nous sommes allés voir le quartier où j'avais emménagé avec mes parents en 1976, lorsque j'avais huit ans. Mes parents avaient quitté cette maison en 2004. Nous avons rendu visite aux voisins d'en face et aussi à mon amie Natacha et son papa. Natacha et moi nous étions rencontrées au printemps 1980 dans ce quartier et c'est là que notre amitié avait commencé. C'était vraiment un retour vers le passé.

Ce soir-là, nous avons pris un AirBnB à Bruxelles avec Clara et son amie Caitlin nous a rejoints pour le dîner.

Le lendemain matin, nous avons dit « *à bientôt* » à Clara. Ensuite, Oscar, Stella et moi sommes allés passer l'après-midi à la plage avant une soirée et une nuit chez mes cousins Muriel et Marc. C'était court comparé à toutes nos vacances à la mer avec mes parents. Ils avaient loué le même appartement plus de dix années d'affilée, et nous avions commencé à y aller avec eux, dans notre propre appartement en 2009. Puisque nos vacances de 2018 avaient dû être annulées, j'ai ressenti des émotions sur la plage. Pas une émotion très claire, une sorte de mélange de regret, de tristesse et de nostalgie… J'ai glissé mes orteils dans le sable et je n'ai laissé sortir qu'une partie de mon émotion, voulant éviter de l'imposer à mes enfants. La frontière est ténue entre montrer une part de mon émotion pour qu'ils sachent qu'on peut les ressentir et les exprimer, sans déborder et les mettre mal à l'aise ou leur causer de l'inquiétude pour moi.

Assise sur la plage, je pensais à notre dernier voyage à la mer, avec mes parents, en 2017.

Je prenais toujours une photo de mes parents et de mes enfants à la fin de nos vacances partagées. J'aime bien documenter ce genre de choses ; ça fait de bons souvenirs, mais c'était toujours plus mon projet que celui des autres. À la fin de notre séjour en 2017, au moment de partir, je me suis souvenue à la dernière minute que je n'avais pas ma photo de groupe. J'ai réussi à obtenir de tout le monde qu'ils se mettent debout ensemble, mais la lumière n'était pas très bonne et je voulais être sûre d'avoir une bonne photo. Il y a eu un peu d'impatience et j'ai capitulé. Une pensée m'a traversée, « et si c'était la dernière fois et que je n'avais pas de belle photo ? », mais j'ai repoussé cette pensée encombrante et nous avons pris la route. L'été 2017 était bien le dernier pour nos vacances tous ensemble. Si nous avions su, nous aurions peut-être été moins impatients.

J'aime bien dire que le secret d'une vie bien vécue est de trouver le juste milieu entre vivre chaque instant comme si c'était le dernier et vivre comme si nous étions éternels. Ce jour-là, fin août 2017, nous avons penché un peu trop du côté de l'immortalité.

Notre mini-voyage s'est achevé par des jeux de société avec Muriel et Marc. Nous ne sommes partis que quatre jours, mais nous avons vu Clara et d'autres membres de la famille et nous avons emporté des choses de chez mes parents. C'était bon pour le moral de voir ces gens qu'on aime et qu'on ne voit pas très souvent. Et puis c'était agréablement dépaysant. Pas mal !

Je me répète : le secret d'une vie bien vécue est de trouver le juste milieu entre vivre chaque instant comme si c'était le dernier et vivre comme si nous étions éternels. À méditer.

ET ON Y RETOURNE – ENCORE !

Le 20 septembre, mon papa est entré en clinique pour une entéro-cystoplastie, une opération à quatre mains où deux chirurgiens travaillent ensemble pour enlever la vessie et en reconstruire une nouvelle à partir d'un morceau de paroi d'intestin. De nouveau, j'étais à un séminaire, mais au moins cette fois-ci c'était à Fontainebleau donc j'étais à proximité. Cette opération nécessite quatre semaines d'hospitalisation. Mon papa n'était pas du tout inquiet pour lui-même, mais il était malade d'inquiétude pour l'impact que son absence aurait sur ma maman.

En effet, elle était vraiment perdue. Cependant, un jour je suis arrivée à la maison de retraite et la psychologue avait sorti une activité pour elle : il fallait placer des formes sur un motif pour le reproduire. Ma maman était très concentrée sur l'activité. Elle semblait apprécier le défi logique ; la prof de maths en elle était toujours là. Ça m'a fait sourire. J'ai alors cherché quelque chose de semblable qu'elle pourrait faire chez moi et j'ai sorti un vieux jeu de *Memory* auquel je jouais lorsque j'étais enfant.

À la demande de mon papa, j'ai emmené ma maman le voir, avec Oscar et Stella. Il pensait que ça pourrait être une bonne idée. Ma maman n'a *vraiment pas aimé* être dans *sa* chambre d'hôpital ; son visage s'est immédiatement couvert de peur lorsqu'elle est entrée dans la chambre et elle était pressée de partir. Elle a insisté pour retourner à ma voiture, qui semblait être un endroit sécure pour elle. Mon papa était malheureux de la voir comme ça. C'était tragique de toutes parts et je faisais tout ce que je pouvais pour leur faciliter la vie, avec un succès très mitigé. Mon papa sentait bien tout le soutien que je lui donnais, mais je ne pouvais pas, bien sûr, soulager la lourdeur de son cœur. Je n'ai même jamais essayé de le faire. Ma maman me repoussait souvent lorsque j'allais la voir. Elle voulait mon papa, pas moi, et j'imaginais qu'elle me tenait pour responsable de ses absences.

J'étais malgré tout très reconnaissante de les avoir près de moi et je me sentais prête à les soutenir. Tout d'abord, j'avais essayé d'aller les voir tous les deux tous les jours. C'était beaucoup trop ! Je suis passée à une rotation en trois jours : un jour j'allais voir mon papa, le lendemain j'allais voir ma maman et le troisième jour je m'occupais de mes affaires. Je pouvais appeler mon papa au téléphone, j'aimais bien avoir de ses nouvelles.

Après les quatre semaines consécutives à son opération, mon papa a enfin pu quitter l'hôpital. Quand ils ont dit qu'il devrait passer une semaine supplémentaire de convalescence dans un établissement de soins de suite, j'ai suggéré qu'il fasse sa convalescence chez moi et qu'une infirmière passe tous les jours pour ses points de suture. J'en avais franchement assez d'aller voir mes parents dans tous ces endroits et puis j'aimais vraiment la compagnie de mon papa. En plus ça semblait lui faire du bien de me voir aussi. C'est donc ce que nous avons fait. Sa priorité numéro un était d'aller retrouver ma maman, il n'a pas voulu rester une semaine entière chez moi.

Un autre bénéfice d'avoir mes parents près de moi c'est que lorsque mon ex-mari s'est remarié le 20 octobre et que tous mes enfants sont revenus pour cette occasion, nous avons pu caler un repas avec mes parents et mes quatre enfants.

Nous ne le savions pas, mais c'était notre dernière opportunité d'être tous ensemble.

Le vendredi 2 novembre, je suis retournée à la maison de mes parents en Belgique, pour la treizième et dernière fois en 2018, pour finir de la vider. J'ai travaillé tout le week-end avec Natacha et Sheila, les deux personnes sans le soutien de qui je ne pense pas que j'y serais arrivée.

Le dimanche soir, ma voiture pleine à craquer et la maison enfin vide, j'ai repris la route vers chez moi. Je suis arrivée vers une heure du matin. Le moment était venu de commencer à intégrer le déménagement que j'avais orchestré tout au long de l'année. J'étais prête à prendre un peu soin de moi.

Lors d'une suite impitoyable d'événements difficiles, de nombreux ajustements sont à imaginer. Il n'y a pas de mal à ne pas trouver le bon rythme tout le temps.

UN CADEAU INATTENDU DANS L'URGENCE

Seulement quelques jours plus tard, alors que je remplissais mon coffre pour aller à la déchetterie, un endroit que j'aime fréquenter, mon téléphone a sonné ; c'était la maison de retraite. Ma maman s'était étouffée avec un morceau de nourriture. Ils avaient pu l'aspirer et tout allait bien, mais elle était très agitée, ils l'envoyaient à l'hôpital pour vérification. Ils appelaient pour savoir si je pouvais venir pour être avec elle. Bien sûr que je pouvais ! La déchetterie, et prendre soin de moi, ça pouvait attendre. Je me suis tout de même dit « Ça ne s'arrête vraiment jamais ! Je n'aurai donc jamais un moment de repos ? » Mais si je suis tout à fait honnête avec moi-même et avec vous, je prenais un peu soin de moi dans la façon dont je le faisais pour mes parents. J'avais vraiment le sentiment de faire ce que j'avais à faire, je me sentais parfaitement alignée.

J'ouvre une parenthèse ici pour partager quelque chose que j'ai entendu récemment de Dean Graziosi, entrepreneur influent dans le monde du développement personnel. Quand quelqu'un lui demandait quoi faire à propos de son boulot qu'il détestait, Dean a juste dit « Apprends à l'aimer ! » Il a ensuite expliqué que lorsqu'il travaillait dans un garage pour voitures quand il était jeune et qu'il détestait ça, il a vraiment appris à aimer son travail et à le faire bien ; il créditait son propre succès à ce changement d'attitude.

Donc dire que j'aimais m'occuper de mes parents parce que je me sentais alors être une bonne personne serait une simplification abusive. Je me débattais, comme nous le faisons toutes et tous qui prenons soin de nos parents ou de nos proches, mais j'étais dans une quête acharnée des récompenses, ces moments de grâce.

Un de ces moments de grâce s'est produit lorsque je suis entrée dans la chambre d'hôpital de ma maman. Elle était arrivée en ambulance, mon papa et moi avions suivi en voiture et mon papa fumait son cigarillo dehors. Il y avait un cigarillo pour chaque transition dans ses journées.

J'ai avancé, à la recherche de ma maman que j'étais venue soutenir. Alors que mon regard se posait sur son box et avant que je puisse bien distinguer les tubes d'oxygène qui entraient dans son nez, elle a levé ses épaules et sa tête de sa position semi-allongée et un grand sourire a éclairé son visage habituellement terne et absent, depuis le déménagement et tous les médicaments. Sa joie – ou peut-être son soulagement, ça ressemblait à un bon mélange des deux – était un vrai moment de grâce. Toutes mes années de thérapie et de développement personnel m'ont permis d'être là et de recevoir ce cadeau.

Mon papa est arrivé peu après et nous avons pris place aux côtés de ma maman, un de chaque côté de son lit. Elle était très agitée, on pouvait le comprendre, mais nous avons tous les deux mobilisé le meilleur de nous-mêmes pour l'apaiser. À cause de son agitation, ils devraient lui attacher les mains pendant la nuit, pour qu'elle n'arrache pas les tubes d'oxygène. L'image mentale de ce dispositif brisait le cœur de mon papa au point qu'il voulait passer la nuit à ses côtés pour lui tenir compagnie. Et, bien qu'il soit un homme, un adulte, et mon père, il récupérait encore de sa neuvième opération et de sa septième anesthésie générale en huit mois. Je le lui ai donc pratiquement interdit.

Ma maman avait une infection aux poumons, qui indiquait que de la nourriture était allée s'y loger. Ce diagnostic faisait un peu peur. Ma grand-mère avait eu la même chose à la fin de sa vie, mais elle avait nonante-deux ans (quatre-vingt-douze). Ma maman, elle, n'en avait que septante-sept (soixante-dix-sept).

On nous a dit qu'on allait la garder en observation quelques jours. Mon papa et moi sommes chacun rentrés chez soi, chacun soucieux pour ma maman. Le lendemain, je suis allée déjeuner avec mon papa. Nous avions prévu d'aller ensuite voir ma maman, mais elle est en fait apparue durant notre repas, l'air un peu perdue, déambulant dans la salle à manger. Elle a fini par nous trouver et voulait manger notre nourriture. Mon papa découpait avec amour des petits morceaux de fromage qu'il lui donnait, deux à la fois. Elle les dévorait et en redemandait.

J'ai appris plus tard qu'on lui avait donné un repas mixé – puisqu'elle rentrait d'avoir presque perdu la vie étouffée, ils avaient décidé qu'elle ne pourrait plus manger des morceaux – et qu'elle avait tout vomi. Elle avait donc faim !

Le niveau de difficulté venait de monter d'un cran. Mes parents étaient dans cette maison de retraite pour pouvoir rester ensemble, mais puisqu'ils avaient des régimes différents, elle devait manger au premier service, dans une autre partie du bâtiment. Ceci n'était bon ni pour lui ni pour elle. Ma maman était beaucoup plus calme et en confiance (on le comprend bien) en présence de mon papa, et mon papa était juste triste sans elle.

J'ai pensé que c'était mieux de ne plus inviter mes parents à manger. Ça me semblait une trop grande responsabilité de superviser un repas de ma maman. Mais j'ai pensé que je pouvais les inviter à prendre un thé et qu'on pourrait jouer avec le jeu de *Memory*.

Ouvrez votre cœur à la possibilité d'un cadeau inattendu !

UN SEMBLANT DE NORMALITÉ

C'est donc ce que nous avons fait, quelques fois. C'était une bonne routine. Ma maman aimait jouer au *Memory* et elle était parfaitement calme chez moi. Elle reconnaissait probablement qu'elle était en sécurité, elle était venue tellement de fois. Et pendant tellement d'années, elle était rentrée chez elle ensuite. Il n'était pas impossible que pendant qu'elle était chez moi, tous ses soucis s'envolaient. C'était également très reposant pour mon papa. Pour moi, c'était très agréable de les avoir chez moi pour ces moments-là, et j'en garde des souvenirs très doux.

J'avais aussi des choses à faire, ce qui n'était pas facile sur ce chemin parsemé d'urgences qui était devenu si intimement le mien. J'avais réservé une place pour une semaine de *silence et travail* : une retraite avec un rythme défini de silence et de parole, de travail et de repas. J'y étais déjà allée l'année précédente et j'avais été tellement inquiète pour mon papa, qui venait d'apprendre qu'il avait un anévrisme à l'aorte, que j'avais craint de devoir partir au milieu. En 2017, j'y avais traduit plus de la moitié de mon premier livre, d'anglais en français, et en 2018 j'y allais pour traduire mon site internet, de français en anglais. Me voilà donc partie à St Baslemont dans les Vosges pour une semaine.

Après mon retour, le 9 décembre, j'ai emmené mes parents prendre le thé chez moi. Ma maman ne parlait plus du tout, ce qui était encore plus triste pour mon papa. Je lui parlais comme si elle allait me répondre, c'est ce que je faisais toujours. Elle était là, je ne savais pas ce qu'elle comprenait et ce qu'elle ne comprenait pas. Donc je lui parlais, tout simplement. Mon papa m'a pratiquement coupé la parole, avec désapprobation, argumentant qu'elle n'allait quand même pas répondre, alors à quoi bon ? J'ai protesté « Pap, laisse-moi faire. Ce n'est pas important si elle me répond ou pas, je lui parle juste comme si elle pouvait me répondre, c'est tout. »

Eh bien cet après-midi-là, ma maman ne m'a pas répondu une fois, pas deux fois, mais quatre fois. C'étaient des réponses simples, mais des réponses très directes à mes questions. Je lui avais demandé ce qu'elle voulait, à propos du thé. Elle m'a répondu « oui », « non », « un peu », et « encore ». Mon papa n'en croyait pas ses oreilles.

J'en ai retiré une leçon importante : parfois, le fait de rester ouvert à une possibilité, ça paye ; ce qui semblait impossible apparaît. Si j'avais écouté mon papa, je n'aurais pas entendu la voix de ma maman ce jour-là. Qui plus est, *lui-même* n'aurait pas entendu sa voix.

Et ensuite il s'est produit un petit miracle. Ma maman me regardait depuis l'autre côté de la table de ma cuisine. Elle me regardait vraiment, mais c'était comme si elle ne me reconnaissait pas. Elle avait l'air un peu perplexe. Intuitivement, j'ai relevé mes lunettes et quand mes lunettes ne faisaient plus obstacle, nos regards se sont croisés, et elle m'a souri. J'ai souligné en disant « Tu me reconnais… » en lui souriant aussi.

Mon papa était ému, presque aux larmes. J'ai vraiment regretté de n'avoir pris aucune photo ce jour-là, c'était un jour tellement mémorable.

En ramenant mes parents chez eux pour le repas du soir, mon papa était émerveillé et moi j'avais adoré ce moment. C'était vraiment quelque chose que nous pourrions refaire. Un vent d'optimisme souffla délicatement sur nous.

J'avais de grands espoirs pour 2019. Je pourrais inviter mes parents à prendre un thé le dimanche et je pourrais faire des tours en voiture avec ma maman à travers les paysages de campagne, elle aimait toujours ça. Je m'apprêtais à aller passer Noël en

Gambie avec Clara, ma fille aînée, mais je mettrais ces idées en action dès mon retour.

Le 13 décembre était l'anniversaire de mon papa. Oscar, Stella et moi sommes allés le lui souhaiter. Ma maman n'avait aucune envie de me voir ce jour-là, ou peut-être qu'elle n'avait aucune envie de me voir à la maison de retraite. Je continue à penser qu'elle me tenait pour responsable de sa présence là. Je pouvais le comprendre. Il me reste un sentiment furtif de culpabilité de l'avoir conduite dans cet endroit, même si mon cerveau rationnel comprend très bien que mes parents ne pouvaient pas rester dans leur maison.

J'ai quelques photos de mon papa avec Oscar et Stella pour son septante-huitième anniversaire. J'aime toujours documenter ces moments qui semblent signifiants. Souvent, c'est seulement rétrospectivement que toute leur portée apparaît.

On ne sait jamais quand viendra « la dernière fois », pour rien. Mais elle n'est pas nécessairement venue quand on le pense.

UNE RÉCOMPENSE POUR MOI ?

Comme prévu, le 15 décembre, je me suis envolée pour Banjul via Casablanca, pour aller voir Clara en Gambie. L'avion est arrivé au milieu de la nuit et ma fille m'attendait avec un chauffeur. Quelques minutes après avoir quitté l'aéroport, la voiture est tombée en panne. Clara était un peu agacée. Moi ça m'était égal ; c'était si bon de m'échapper et de faire une vraie coupure avec cette année insensée. Et puis, j'étais vraiment ravie de voir ma fille dans son nouvel environnement local.

Prenez vos récompenses quand vous pouvez !

À PROPOS DE LÂCHER-PRISE

VOUS SAVEZ QUE VOUS DEVEZ LÂCHER PRISE, MAIS VOUS NE SAVEZ PAS COMMENT FAIRE

UN CHOC

Une semaine plus tard, le 22 décembre, ma fille et moi arrivions à notre hôtel au bord du fleuve Gambie, où nous allions passer le week-end. Nous nous sommes installées à une table dans le restaurant ouvert, face au fleuve. Les frais d'itinérance étaient absurdes et je ne pensais vraiment pas devoir rester joignable, j'ai donc éteint mon téléphone.

Les bières n'étaient pas encore servies que le téléphone de ma fille a sonné. Son frère l'appelait sur WhatsApp. Ma maman était décédée.

J'ai immédiatement rallumé mon téléphone. Les frais de roaming avaient perdu leur importance. J'avais besoin d'appeler mon papa. J'avais deux ou trois messages de l'infirmier de la maison de retraite. Il disait de le rappeler, que c'était important. Bien sûr que c'était important. Je n'avais pas complètement intégré la nouvelle, jusqu'à ce que j'entende mon papa sangloter au téléphone. Il disait qu'il voulait mourir, que c'était de sa faute.

Le personnel de la maison de retraite avait encouragé mon papa à les laisser s'occuper de ma maman quelques heures par jour. Il avait résisté de toutes ses forces. Je pense qu'il ne leur faisait pas confiance pour prendre bien soin d'elle, et elle était tellement plus paisible près de lui, de toute façon. Mais depuis sa dernière opération, il était affaibli, et il avait vraiment besoin de temps pour se reposer. Donc ils s'occupaient de ma maman une paire d'heures l'après-midi.

Ils n'avaient bien sûr pas assez de personnel pour la surveiller cent pour cent du temps. Cet après-midi-là, alors que mon papa revenait de fumer son cigarillo, il a remarqué que l'accès à la salle à manger était bloqué avec un cordon de sécurité. Il a pensé que quelqu'un avait dû avoir un problème et il est retourné à sa chambre. Lorsque l'infirmier est arrivé avec un médecin, il a tout de suite compris. C'était le corps de sa femme qui était dans la salle à manger.

Lui et ma maman avaient été extrêmement liés depuis près de soixante années. Ils étaient l'amour de la vie l'un de l'autre. Mon papa était littéralement terrassé par le chagrin.

J'ai envisagé brièvement de rentrer plus tôt, mais de là où je me trouvais, je ne pouvais pas arriver à l'aéroport à temps pour le vol du jour. Je pouvais essayer de changer mon vol pour le 23 ou le 24, mais mon retour était prévu par le vol du 25 et j'avais des plans pour Noël avec ma fille, qui aurait été séparée de toute sa famille pour Noël si je partais.

Mon papa m'a fortement découragée de changer mon programme ; comme d'habitude, il trouvait que j'en faisais déjà un peu trop. J'ai donc décidé de rentrer comme prévu. Mais j'ai appelé mon ex-mari, Peter, chez qui étaient nos deux derniers enfants, Oscar et Stella. J'ai demandé s'il pouvait les emmener voir mon papa, ce qu'il a très gentiment fait. En plus, lui et sa femme ont invité mon papa à leur déjeuner de pré-Noël, le 23. Peter et les enfants partaient ensuite aux États-Unis. C'était vraiment un geste plein de générosité et de classe, qui a réchauffé le cœur brisé de mon papa.

Mon papa était seul à sa maison de retraite, avec toutes les festivités de Noël, mais sans la personne qui faisait que sa vie valait d'être vécue.

Je suis enfin arrivé le 26 et je suis allée le voir dès que j'ai pu. Son visage était marqué par le chagrin. C'était déchirant de le voir ainsi. Déchirant et franchement un peu effrayant aussi. J'avais été présente pour résoudre tellement de crises en 2018, mais celle-ci était hors de ma portée. Je suis restée avec lui un moment et je lui ai dit que je n'essayerais pas de faire quelque chose pour son chagrin, que c'était entre lui et lui. J'ai rajouté que, en revanche, je ferais de mon mieux pour apporter autre chose que la tristesse dans sa vie. Il m'a écoutée avec attention en opinant de la tête. Un plan se dessinait pour nous.

Mon papa avouait volontiers qu'à côté de la douleur atroce du chagrin, il y avait aussi du soulagement. Ça avait déjà été tellement déchirant pour lui de voir ma maman décliner et lentement disparaître de la communication avec lui. Elle l'épuisait également physiquement. Elle s'agrippait à lui et le réveillait plusieurs fois par nuit en l'attrapant pour le rapprocher d'elle. Et puis aussi, bien sûr, son corps n'avait pas fini de digérer les neuf opérations et les sept anesthésies générales.

Après environ une heure trente avec lui, je lui trouvais un air un peu plus serein. Ma présence était visiblement réconfortante. C'était bon à voir. Je serais là pour lui ! Il était mon papa, je l'aimais et aussi on s'entendait très bien. J'aimais vraiment tous les moments qu'on partageait.

Nous avions des funérailles à prévoir : nous avons fait les démarches administratives, sélectionné des photos et de la musique. Nous avons préparé une cérémonie sincère et chaleureuse. Nous l'avons reportée au 4 janvier pour qu'Oscar et Stella soient rentrés des États-Unis. Clara et Gabrielle ne pourraient pas être présentes donc elles ont chacune écrit quelque chose que leurs frère et sœur liraient pour elles.

Mon papa a juste dit « Elle m'aimait de tout son cœur. Son cœur a arrêté de battre et le mien est brisé. » C'était réellement poignant et ça remplit toujours mon cœur de larmes aujourd'hui.

Ma maman avait décidé d'être incinérée, quand elle savait encore comment réfléchir à ça. La question de la destination finale des cendres s'est donc posée naturellement. J'ai pensé qu'on pourrait les mettre au columbarium de mon village.

Un petit groupe d'amis et de famille très chers sont venus de Belgique et de Suisse.

C'était si bon de voir mon papa entouré de gens qui l'aimaient. Son chagrin était indéniablement présent et il se donnait des tas de noms d'oiseaux pour ses émotions, comme si pleurer était un signe de faiblesse. Je n'arrêtais pas de lui dire que c'était normal, et même mieux de laisser ses émotions s'exprimer. Je ne suis pas du tout sûre qu'il ait reçu le message.

Lorsque le choc frappe, parfois le mieux qu'on puisse faire c'est d'être juste présent. Présent à soi-même et présent à ceux qui sont encore plus sous le choc.

INTÉGRATION

Le temps semblait ralentir alors que nous nous ajustions à cette nouvelle réalité. Mon papa était tout seul, mais, par chance, il était proche de nous. Il pouvait venir pour des repas, parfois pour le week-end quand les enfants étaient là. Je pouvais aller le voir, et il ne serait plus pleinement occupé par ma maman qui s'accrochait à lui. J'ai toujours pensé que je préférerais que ma maman parte en premier. Ça ne vous paraît peut-être pas très gentil, mais ma relation avec ma maman avait été très difficile et pas très nourrissante pour moi. Avec mon papa, en revanche, chaque moment partagé était un plaisir. Nous pouvions parler de plein de choses. Il était toujours content de me voir et intéressé par ce que j'avais à dire et je lui retournais le compliment. J'aimais bien passer du temps avec lui et j'imaginais cette situation se prolonger quelques années.

Il me semblait que la vie pourrait trouver une nouvelle normalité, mais 2018 avait laissé une empreinte. J'avais donné tellement. Ne vous méprenez pas, je ne changerais rien si c'était à refaire, mais je ressentais un épuisement profond.

Mon papa était triste, mais il avait eu un bilan médical complet, donc les perspectives semblaient bonnes de ce côté-là. On lui avait mis une prothèse pour exclure son anévrisme à l'aorte, il avait un tout nouveau pacemaker qui faisait battre son cœur, on avait enlevé tout son cancer et il avait eu un scanner tout propre à la fin janvier — tout ça me laissait espérer un avenir proche paisible.

En même temps, j'essayais de décider où mettre les cendres de ma maman. Une option était de les mettre au columbarium du cimetière de mon village. Ça me semblait approprié pour elle, qui aimait que chaque chose ait bien sa place, de passer l'éternité bien rangée sur une étagère. Ma plus jeune fille, Stella, qui avait presque treize ans à l'époque, a eu une autre idée. Elle a demandé si on ne pourrait pas mettre les cendres dans l'eau, sur la côte belge, à cet endroit où mes parents avaient passé d'heureuses vacances d'été pendant presque quinze ans. Nous les avions rejoints dans la joie et le plaisir pour les dix dernières années et aucun de nous n'était retourné là-bas depuis l'été 2017.

L'idée était intrigante, je l'ai donc soumise à tous les intéressés, mes trois autres enfants et mon papa. Lui s'en foutait ; elle était partie, c'était la seule chose qui comptait. Mes autres enfants aimaient bien l'idée de Stella, mais moi j'avais encore une hésitation. Bien que je trouvais l'idée excellente, je me suis demandé si nous n'aimerions pas avoir un endroit où nous pourrions aller lui rendre hommage à l'avenir. Je connais beaucoup de gens pour qui il est important d'aller « rendre visite » à leurs proches au cimetière. D'un autre côté, si un jour je quittais mon village… Finalement, la vision de remettre ma maman dans l'océan dans lequel elle avait tellement aimé nager semblait parfaite. Nous avons donc réservé une chambre d'hôtel pour mon papa et un Airbnb pour les enfants et moi. Tout était prévu.

À part quelques démarches administratives peu complexes au sujet du patrimoine de mes parents qui traînaient un peu à cause de l'aspect international, 2019 a commencé avec le vent en poupe. Mon papa avait son feu vert médical et de mon côté quelques opportunités se présentaient. En mars je suis allée à une retraite de *Silence et Travail* aux Pays-Bas, où j'ai préparé la conférence TEDx que j'ai donnée en avril, intitulée « Trouver le bonheur : comment pardonner à ma mère a radicalement changé ma vie ». J'ai eu le plaisir de rendre visite à ma fille Gabrielle à Londres et je suis allée à Stockholm pour traduire un séminaire de Gestalt. L'année 2019 commençait très différemment de la précédente !

Début mai, la surveillance médicale post-cancer de mon papa prévoyait une échographie. Probablement que c'était le protocole, trois mois après un scanner propre, on fait une échographie. Un nodule est apparu sur son foie et mon papa en était très inquiet. L'urologue, en revanche, ne l'était pas du tout. C'était un nodule hypoéchogène, comme un kyste ; il réagissait aux ondes de l'échographie comme de l'eau. Je ne savais pas si c'était inquiétant ou pas, j'ai donc posé la question.

« Il y a hypoéchogène, isoéchogène et hyperéchogène. Hyperéchogène c'est inquiétant, hypoéchogène ça ne l'est pas », m'a-t-il répondu, un agacement perceptible dans sa voix.

Je ne comprenais pas mieux après sa réponse, mais j'aimais bien l'idée de « pas inquiétant ». Ce n'était pas du tout mon style de ne pas poser de question supplémentaire si je ne comprenais pas, mais la combinaison d'un vrai trop-plein de nouvelles médicales et de l'autorité un peu irritée avec laquelle la réponse est venue a un peu étouffé ma curiosité naturelle.

Le chagrin de mon papa semblait progressivement passer à l'arrière-plan, même si je savais très bien qu'à l'intérieur, il restait intact. Je me suis retrouvée à dire ça à une personne de la famille qui demandait de ses nouvelles. J'ai ensuite voulu vérifier avec lui si c'était juste, il trouvait que c'était une bonne manière de dire les choses.

Partager du temps avec un ou une proche fait partie des meilleurs souvenirs que nous puissions avoir. C'est bien de s'en souvenir lorsqu'on choisit comment vivre notre vie.

UNE ACCALMIE ?

J'ai eu l'excellente idée de faire un voyage en Belgique avec mon papa. On pourrait aller voir de la famille, ses amis, et il pourrait même jouer au bridge avec son partenaire. Ce serait un voyage très différent de tous ceux de 2018.

Je trouvais que c'était une excellente idée, mais mon papa, lui, était mitigé. Un de ses soucis était tout son appareillage urinaire. Puisqu'il avait un peu d'incontinence depuis sa dernière opération, il avait un système pour collecter son urine la nuit, qui parfois se défaisait. Il était inquiet que ça se passe à l'hôtel. Je pouvais bien sûr comprendre ses hésitations, mais je n'arrivais pas à savoir si ça voulait dire « Non ! »

Je lui en ai parlé plusieurs fois, mais il ne me répondait jamais très franchement. J'ai finalement dit « Pap, je continue à t'en parler parce que tu n'as pas dit non. Si tu dis non, j'arrête. Moi je peux aller en Belgique quand je veux. »

Son hochement de tête m'a montré qu'il comprenait. Il avait envie d'y aller, mais il avait des préoccupations. Finalement, c'est lors d'une conversation avec sa sœur Sheila qu'il a exprimé sa gêne. Elle a simplement dit « À ton âge, tu ne devrais pas être gêné. »

Curieusement, ça l'a aidé à décider. Il était d'accord d'y aller et j'ai mis toutes mes compétences organisationnelles sur le projet. J'ai contacté toutes les personnes qu'il voulait voir, je nous ai trouvé un hôtel bien situé et à un prix raisonnable et j'ai tout préparé.

Le 29 juin, nous avons mangé ensemble à la maison de retraite. À un moment, il m'a montré les paumes de ses mains en disant « regarde, cancer du foie. » J'ai pensé que j'avais mal entendu. Je lui ai montré *mes* mains, qui me semblaient tout aussi rouges, il faisait inhabituellement chaud. Il m'a fait remarquer que ses paumes à lui étaient rouges et les miennes non. Je ne voyais pas la différence, mais j'ai demandé plus d'informations, pourquoi parlait-il de cancer du foie ? Il avait cherché sur internet et avait vu que ça pouvait être un symptôme de ce cancer. Je lui ai demandé s'il en avait parlé au personnel médical, il n'avait rien dit parce que ce n'était « pas grave ».

Un peu d'inquiétude et d'agacement sont montés en moi, soit c'est un cancer du foie et c'est grave, soit ce n'est pas grave, et dans ce cas-là ce n'était pas un cancer du foie. Mon papa savait que ce n'était pas une très bonne idée de discuter avec moi, surtout quand j'avançais un bon argument. Donc à la fin du repas, nous sommes passés au bureau des infirmiers et je leur ai répété les propos de mon papa. Ils m'ont assuré que le médecin irait le voir la prochaine fois qu'il sera là. Quand le docteur l'a examiné, il n'a rien trouvé d'anormal. Je ne trouvais ça que partiellement rassurant.

Puisque tout allait bien, nous avons continué notre routine de passer les dimanches après-midi et soir ensemble chez moi et en général un autre jour dans la semaine aussi. Nous étions en juillet et nous avions la pire canicule jamais enregistrée en Europe, avec des températures allant jusqu'à quarante-trois degrés pendant quelques jours. C'était inconfortable pour moi, mais j'étais particulièrement inquiète pour mon papa à la maison de retraite. Sa chambre était petite et orientée au sud, donc le soleil y tapait tout l'après-midi. Comme défenses, il n'avait que des volets roulants et un petit ventilateur. Ses défenses secrètes, en revanche, étaient qu'il avait grandi au Congo belge, où ces températures étaient courantes donc son corps, étonnamment pour moi, ne ressentait pas de malaise.

Le dimanche 5 août, nous sommes partis en Belgique pour notre petit voyage. Nous avions un sacré emploi du temps ! J'avais tout organisé pour que mon papa puisse revoir les personnes les plus importantes pour lui et j'étais disponible pour l'accompagner partout. Ma seule demande était de ne pas avoir de rendez-vous le matin. J'avais besoin de récupérer, d'avoir du temps pour ma routine matinale et pour me détendre. Les matinées étaient nos temps libres.

Le soir de notre arrivée, nous sommes allés chez ma cousine Julie. Elle avait invité des membres de la famille, son frère et sa famille, ses parents (le frère de mon papa et sa femme) et la sœur de mon papa avec sa fille.

Ce soir-là, mon papa était de bonne humeur et il semblait en bonne forme, tant physique qu'émotionnelle. Tout le monde s'en émerveillait, après tout ce qu'il avait subi. Mon oncle, sept ans plus jeune que mon papa, qui avait eu certaines des mêmes opérations que lui, avait l'air mal en point. Il avait perdu pas mal de poids et il semblait assez désespéré. Le consensus tacite semblait être que l'état de santé du plus jeune frère était assez souciant et que l'état du plus grand frère semblait très encourageant.

Lundi, nous avons déjeuné chez Raymond et Ninette, de bons vieux amis de mon papa, des gens qu'il connaissait depuis plus de cinquante ans, je pense. Nous étions allés à une école d'été à la fin des années septante (soixante-dix) et je me souvenais de leur fille qui avait à peu près mon âge. Elle est passée nous voir. C'était une magnifique après-midi.

C'est vraiment touchant d'être témoin de ces relations qui durent depuis plusieurs décennies, sans perdre leur valeur, après toutes ces années.

Nous avons à peine eu le temps de passer à l'hôtel qu'il était déjà temps d'aller chercher Rita, la plus jeune sœur de mon papa, pour aller manger chez l'aînée de ses sœurs, Sheila. Encore un repas tellement chaleureux ! Le fils de Rita est même passé dire bonjour. Notre première journée complète était un succès retentissant !

C'était vraiment spécial de vivre ces moments, surtout que mon père et sa fratrie avaient eu des relations parfois houleuses après la mort de leurs parents. Ces instants partagés semblaient effacer tout ce passé.

Le mardi, nous avons retrouvé le frère de ma maman, Pierre, et sa femme Christiane ainsi que mon cousin, fils de la sœur de ma maman, décédée trente-cinq ans auparavant. Nous avons eu un bon repas en terrasse, la météo était délicieuse, le service était bon et tout le monde était content de voir mon papa en si bonne forme.

Le point fort du voyage pour mon papa était sans doute sa soirée de bridge avec son partenaire depuis vingt-six ans. Après le déjeuner, mon papa a donc fait une sieste, comme il faisait toujours avant d'aller au bridge, pour pouvoir être en forme pour jouer. Je l'ai conduit au lieu du tournoi et pendant que mon papa jouait au bridge, j'en ai profité pour aller dîner avec ma grande amie Natacha. Mardi était encore une journée merveilleusement réussie.

J'étais tellement contente d'avoir insisté pour faire ce voyage et de m'être rendue disponible pour le vivre. Après tout, ces relations de longue date faisaient également partie de ma vie. Certaines des personnes étaient aussi ma famille et mes amies. Et même si les amis de mes parents n'étaient pas les miens, ils faisaient partie de leurs vies depuis si longtemps que j'en sentais l'importance aussi. Cette continuité donnait un sentiment très chaleureux et contenant.

Mercredi, nous avions un plan un peu différent. Nous avons pris le métro pour aller au centre de Bruxelles à la librairie préférée de mon papa, WHSmith. Il a fait le plein de livres et je leur ai proposé mon propre livre, « Votre Bonheur Pas à Pas ». J'en avais apporté cinq exemplaires au cas où ils seraient intéressés.

Pour le repas de midi, nous sommes allés chez Exki, une combinaison fast-food et gourmet assez unique. Mon papa aimait bien y manger quand il allait à sa librairie, parfois avec sa sœur Rita pendant sa pause de midi. Nous n'y avons pas fait exception. Rita, et aussi Jean, un très bon ami et ancien collègue de mon papa, nous ont rejoints. Nous avons passé un moment agréable et nourrissant. Je continue d'être nourrie d'avoir vu tous ces gens chers à nous deux.

Après le repas, mon papa et moi avons pris un bus jusqu'à son magasin de musique préféré. Là, il a fait le plein de nouveaux CD. Notre dernier arrêt fut le magasin de cigarillos ; c'était la seule chose que nous n'avions pas pu trouver en France.

C'était une après-midi assez épuisante, même pour moi, mais elle était pleine à ras bord de bonnes choses. Nous sommes retournés à notre hôtel pour nous reposer un peu, avant d'aller dîner avec ma cousine Muriel et son mari Marc. Muriel était la nièce de ma maman et elle était très attachée à mon papa. Ses parents s'étaient séparés lorsqu'elle était très jeune et son papa lui avait alors beaucoup manqué. C'était comme si elle s'était attachée à mon papa comme un père de substitution.

Nous avons mangé dans un restaurant que Muriel et Marc avaient recommandé. Encore une soirée magnifique. Muriel et Marc vivent à la mer — la côte belge, mais ils faisaient la route pour venir nous voir chez mes parents chaque fois qu'on le leur proposait.

Deux fois deux heures de route, juste pour manger avec nous. Ça, c'est de l'amour !

Jeudi matin, le dernier jour de notre voyage, nous avons fait nos bagages, quitté l'hôtel et parcouru le court trajet jusque chez Marco et Micheline. Mon papa et Marco étaient allés à l'école ensemble au Congo belge à la fin des années 1940. Ça remontait à bien longtemps.

Ils ont partagé de vieux souvenirs, nous avons tous partagé un agréable repas et le moment de partir est vite arrivé. Je voulais faire un dernier arrêt avant de rentrer : un pèlerinage dans le quartier de la première maison de mes parents, et une visite à mon amie Natacha et à son papa ; c'était clairement plus pour moi que pour mon papa, lui qui avait appris à laisser le passé derrière lui, sans aucune trace de nostalgie. À ce jour, ça me laisse perplexe, mais c'était bien ce trait de son caractère qui avait été tellement aidant dans le processus de prise de décisions des deux dernières années.

Et ensuite il était temps de rentrer chez nous. Nous avions eu un voyage vraiment extraordinairement merveilleux et nous avions vu des personnes qui étaient et avaient été très importantes dans nos vies. Mon papa était très reconnaissant pour tout ce que j'avais fait. Je me demande toujours s'il me croyait ou non, quand je lui disais que j'avais passé un très bon voyage aussi et que j'étais tellement contente d'avoir pu le faire pour lui et avec lui.

Je me disais même qu'on pourrait le refaire à l'automne, tellement nous avions apprécié ce voyage. Son partenaire de bridge adorait l'idée. Je ne le pressentais pas du tout, mais nous n'aurions en fait pas le temps.

Être témoin de relations vieilles de plusieurs décennies peut être réellement inspirant !

LUTTER

Mon papa a eu son scanner de contrôle le 14 août seulement quelques jours après notre retour, le rendez-vous avait été pris trois mois auparavant. C'était la prochaine étape dans la surveillance et je n'étais pas inquiète. Il était en si bonne forme !

À ce stade, j'envoyais des nouvelles par email à environ septante (soixante-dix) proches, famille et amis. Le premier courriel d'information à la famille proche concernant la première opération de mon papa était devenu une véritable newsletter, en français et en anglais, puisque mes parents et moi avions des amis proches qui parlaient les deux langues. Je recevais beaucoup de réponses de personnes qui étaient si contentes que mon papa aille mieux.

Mais le jour du scanner, mon papa a appelé. Il n'a pas tourné autour du pot : le scanner avait montré des métastases à plusieurs endroits. Elles étaient nombreuses dans son foie, il y en avait dans ses deux poumons et aussi dans trois chaînes ganglionnaires dans son abdomen. C'était vraiment très inquiétant.

J'ai pleuré pendant trois jours et trois nuits.

Ce week-end-là, Gabrielle est venue comme prévu et mon papa a passé beaucoup de temps avec nous. J'ai beaucoup pleuré, avec lui, toute seule, avec les enfants. Il a dit que c'était peut-être mieux pour moi de pleurer avec lui que sans lui. Je ne pensais pas vraiment que de pleurer à ce moment-là m'épargnerait de pleurer plus tard, même si je pouvais l'espérer, mais c'était certainement mieux de pleurer avec lui que de m'imaginer pleurer sans lui.

Mon papa avait commencé à me parler de ce qu'il voulait à son enterrement des années auparavant. La musique quand les gens arriveraient, celle pendant la cérémonie, puis pendant la « guindaille », un terme belge pour parler d'une beuverie d'étudiants. Il voulait parler du rassemblement après les obsèques. Lorsqu'il commençait à parler de tout ceci, je disais « Pap, on doit **vraiment** parler de ta mort ? » Je n'aimais pas du tout ce sujet de conversation et il s'arrêtait. Mais ça revenait toujours. Un jour j'ai juste dit « Attends, je vais chercher un papier et un crayon » et j'ai pris des notes, en espérant que ça mette fin à ce rituel de conversation à propos de son enterrement. Et j'avais gardé le papier.

Le moment était venu d'en parler, et cette fois-ci j'étais prête. J'ai donc ressorti le papier avec les notes, que j'avais soigneusement rangé, et j'ai rejoint mon papa à la table de la cuisine. J'ai dit « OK, maintenant je veux bien parler de ton enterrement. Que souhaites-tu ? »

Sa réponse m'a surprise : « je m'en fous » et ensuite « c'était abstrait à l'époque et maintenant ça n'a pas d'importance. Tu peux décider. »

Il ne me facilitait pas la tâche. Je comprenais beaucoup trop bien que ce serait à moi de prendre toutes les décisions. J'aurais nettement préféré suivre un plan. Je pensais que peut-être, il ne voulait pas en parler. Ce n'était pas ça. Il s'en fichait tout simplement. Je n'adorais pas, il comprenait…

J'ai donc rangé mon papier. Je verrais ça plus tard.

À partir de ce jour, j'ai vraiment donné tout ce que je pouvais pour que mon papa ait les meilleurs soins et les meilleures chances d'être avec nous un peu plus longtemps.

En particulier, tous mes enfants allaient revenir à la maison pour Noël. Clara serait rentrée de Gambie pour de bon, Gabrielle viendrait de Londres pour les vacances et Oscar serait rentré de ses quatre mois aux États-Unis. Nous allions passer Noël chez moi avec mon papa et ensuite, nous allions partir tous les six à la côte belge pour répandre les cendres de ma maman. Tout était déjà organisé.

Mais parfois les choses ne se passent pas comme prévu !

Le 20 août, mon papa avait son rendez-vous prévu avec son urologue, à la suite du scanner. En l'examinant, l'urologue fut très étonné — ce qui nous faisait une belle jambe ! L'urologue a appelé son collègue cancérologue, qu'il recommandait, pour lui demander de voir mon papa en urgence.

Il a d'abord dit « Je vous revois dans six mois » et mon papa était enthousiaste à cette évocation. Il s'est cependant repris et a dit « Je vais d'abord vous voir dans trois mois. » Mon papa a pris ça comme un aveu que c'était un peu plus sérieux que ce qu'il avait l'air de dire juste avant. Il a marmonné qu'il n'était pas sûr de tenir jusque-là et ensuite il a dit à l'urologue « j'aimerais tellement revoir mes petits-enfants ! »

L'urologue a eu l'air surpris. « Vous m'avez déjà dit ça la dernière fois ! »

J'ai ajouté « de toute façon ce sera toujours ça… »

Il a souri. Mon papa a souri aussi ; ses petits-enfants étaient le soleil de ses vieux jours. Ça aurait pu m'insécuriser, mais ma place dans le cœur de mon papa n'était en fait pas à prendre. C'était et ça resterait la mienne. Mon papa avait un grand cœur !

Alors que nous quittions son bureau, l'urologue a demandé à sa secrétaire de prendre rendez-vous avec l'oncologue et il lui a donné le numéro. Quelque chose ne fonctionnait pas dans l'ordinateur de la secrétaire de l'oncologue, la secrétaire de l'urologue nous a donc dit qu'elle rappellerait plus tard et qu'elle me rappellerait ensuite pour me donner la date du rendez-vous. Que d'étapes ! J'ai noté le numéro, au cas où.

Un peu avant dix-huit heures, puisque je n'avais pas de nouvelles et que les bureaux allaient fermer, j'ai appelé le numéro que j'avais noté.

L'ordinateur ne marchait toujours pas pour la secrétaire de l'oncologue, mais puisque j'étais au téléphone, elle a regardé l'agenda papier et nous a fixé un rendez-vous pour le lendemain matin. Il semblait que je venais de faire gagner quelques jours à mon papa.

Le 21 août, sept jours après le scanner, mon papa et moi étions assis dans la salle d'attente de l'oncologue, avec quelques personnes, toutes atteintes d'un cancer. L'ambiance très particulière m'a donné une fenêtre sur la souffrance humaine, une partie du monde au contact de laquelle je ne suis habituellement pas. Nous étions tous les deux curieux de ce que l'oncologue pourrait bien faire.

Après une attente assez longue, nous avons finalement été invités à entrer dans son bureau. Nous avions emporté tout le dossier médical de mon papa (la maison de retraite avait donné une enveloppe avec ce qu'ils avaient et j'avais amené ce qui était en ma possession). L'oncologue a tout regardé très soigneusement.

J'ai posé quelques questions, comme toujours. Je ne comprenais pas bien comment on en était arrivé là. L'oncologue a farfouillé dans les papiers, a sorti un rapport, m'a montré une page et a pointé du doigt une phrase. « C'est là », a-t-il dit. J'ai lu la phrase qu'il me montrait « quelques cellules cancéreuses subsistent à la base de l'urètre. »

Je comprenais mieux. Je lui ai demandé s'il était possible que ce développement récent soit une conséquence du décès de ma maman. Spécifiquement, le stress dû à la perte de l'amour de la vie de mon papa a-t-il pu baisser ses défenses et ouvert la voie au cancer pour se répandre ? L'oncologue a hoché de la tête affirmativement. L'urologue s'était moqué de cette idée. Je préférais ce médecin-ci.

L'oncologue a passé pas mal de temps avec nous, s'assurant de répondre à toutes nos questions. Mon papa a demandé combien de temps il lui restait à vivre. À la réponse « sans traitement, maximum trois mois », il a rajouté « et avec traitement, quatre ? »

« Non, non ! Avec traitement, des mois et des mois et des mois » a dit l'oncologue. Il a précisé que nous étions sur le point d'avoir accès à l'immunothérapie, que son espoir était de faire de la chimiothérapie classique pendant trois mois et ensuite de poursuivre avec de l'immunothérapie. C'était une perspective pleine d'espoir.

Mon papa faisait toujours des prédictions plus pessimistes. Je m'étais déjà plainte de cette sale habitude maintes et maintes fois. Il a fini par admettre « je fais ça pour me protéger… » Une fois qu'il m'avait expliqué, je ne l'ai plus jamais contré sur ce point. C'était sa façon de ne pas avoir *trop* d'espoir. Personnellement, je préfère avoir un regard axé sur les possibilités, de voir ce qui est possible, que j'aime, et puis d'y diriger mon attention et mon énergie. Il me semble qu'on aura toujours le temps de gérer ce qui finit par se passer.

Peu de temps après le diagnostic de mon papa, j'ai rencontré un ange tombé du ciel sous les traits d'une jeune étudiante en médecine, Mathilde, qui était déjà naturopathe ; elle m'a mise en lien avec un médecin spécialisé dans le soutien du corps de patients en chimiothérapie, pour qu'ils ne meurent pas du traitement. Juste une précision, c'est ma façon de le dire, pas celle du médecin lui-même.

J'ai donc pris rendez-vous pour mon papa, pour le 12 septembre, c'était la première date possible. L'oncologue avait prescrit toutes les étapes : une chambre devrait être implantée sous la peau de mon papa pour administrer la chimiothérapie ; il avait besoin de plusieurs prétests, avec un cardiologue et un anesthésiste ; et aussi d'une prise de sang. J'ai donc mis en route mes super pouvoirs, j'ai appelé les divers secrétariats, j'ai expliqué l'urgence et j'ai tout fait rentrer dans un calendrier serré.

Il se trouve que si je n'avais pas appelé la secrétaire de l'oncologue le soir du 20 août, nous aurions perdu pas mal de temps, personne n'a répondu au téléphone les sept jours qui ont suivi. Être proactif peut nous aider à avancer.

Une action après l'autre traçait le chemin pour que mon papa ait sa première séance de chimio le 11 septembre 2019. Quand il est revenu à la maison de retraite, j'étais déjà là à l'attendre. Il était manifestement soulagé. Je pense qu'en partie c'était parce que « ce n'était pas si terrible » et en partie parce que « finalement, on faisait quelque chose pour lutter contre ce cancer. » Quatre semaines étaient passées depuis le scanner, qui avait fait plus qu'un petit peu peur. J'avais vraiment lutté contre tous les obstacles et je lui avais permis d'avoir une place le plus vite possible.

Le traitement de chimio allait suivre des cycles de 21 jours, avec une dose de chimio le premier et le huitième jour, et un nouveau cycle qui démarrerait au jour 22. Nous allions commencer par trois cycles et ensuite faire un scanner de vérification.

Le lendemain de la première chimio, le 12 septembre, nous avions rendez-vous avec le médecin à Paris, le Docteur B. Puisque mon papa était en fait épuisé par la chimio, nous avons reconsidéré si c'était une bonne idée d'y aller. Je suis allée le chercher et je l'ai emmené à Paris. Je me suis garée aussi près que possible, mais il était vraiment affaibli. Les quelques mètres de ma voiture au bâtiment du médecin étaient déjà trop, mais il l'a fait quand même.

Mais en sortant de la voiture, il a dû d'abord fumer un cigarillo. Bien des personnes étaient étonnées, ou dégoûtées, qu'il continue à fumer avec ce cancer. Mon papa contrait avec « C'est le seul plaisir qu'il me reste ! » Je lui demandais alors si de nous voir, mes enfants et moi, ne comptait pas comme un plaisir. Bien sûr que ça comptait, mais c'est vrai qu'il avait perdu l'amour de sa vie et ni le vin ni le chocolat n'étaient conseillés avec un cancer du foie. Fumer n'était bien sûr pas recommandé avec un cancer aux poumons, mais c'était sa limite ; il n'était pas prêt à arrêter de fumer.

La notion de qualité de vie apparaît brutalement dans de tels moments. Il n'était pas prêt à renoncer à tout pour augmenter ses chances de vivre plus longtemps. Je ne pouvais pas vraiment contester cet argument.

Nous sommes donc arrivés dans la salle d'attente du Docteur B. Ce médecin était un peu différent. Après avoir pratiqué la médecine classique, il avait inclus plusieurs médecines parallèles, plus naturelles, qui ne recevaient pas l'approbation de la médecine traditionnelle, mais c'est pour cette raison que nous étions là. Nous avons attendu, assis. Nous avions attendu ensemble dans tellement de salles d'attente différentes les vingt mois précédents… Celle-ci portait un espoir dans une situation assez désespérée par ailleurs.

Lorsque notre tour est venu, le docteur a écouté mon papa et j'ai expliqué la situation. Mon papa a dit qu'il n'avait plus d'illusions, il le disait souvent. Il était un optimiste au langage pessimiste. J'ai juste dit « Il prédit toujours le pire. » Le docteur m'a fait signe de le laisser parler à mon papa.

Il lui a demandé ce qu'il entendait par « plus d'illusions ». Mon papa a dit qu'il savait que ça se finirait les pieds en avant. Le docteur a ensuite demandé s'il avait précédemment des illusions ; avait-il pensé qu'il était immortel ? Il a poursuivi en expliquant que si mon papa était arrivé certain qu'il allait traverser cette maladie et d'autres choses, ça, ce seraient des illusions. Lui, le docteur, pouvait dire avec certitude que mon papa, tout comme lui-même et n'importe qui d'autre, allait mourir un jour. Mais est-ce qu'il allait mourir de ceci ou d'autre chose, dans deux mois, un an ou plus, LÀ-DESSUS, il n'avait aucune certitude. Mon papa a juste hoché la tête.

Le docteur a expliqué qu'il montrerait son dossier médical à une équipe pluridisciplinaire avec laquelle il travaillait. Dans cette équipe, un oncologue en qui il avait confiance l'aiderait à bâtir un protocole pour soutenir le corps de mon papa pendant la chimiothérapie.

Je connaissais des médecins aux États-Unis qui étaient complètement opposés à la chimiothérapie, qui disaient qu'elle attaque le corps tellement qu'on pouvait en mourir avant de mourir de son cancer. L'un d'eux faisait des recherches depuis des dizaines d'années sur le pouvoir de la Vitamine D et d'autres compléments, et il m'avait offert ses recommandations.

Mais en France, j'aurais dû trop me battre pour mettre ce plan en place. Mon papa était en maison de retraite médicalisée, ce qui signifiait que pour lui faire suivre un protocole, il fallait qu'il soit approuvé par l'équipe médicale en place. J'aurais peut-être mené cette lutte pour moi-même, mais mon papa n'était pas intéressé. Il faisait confiance au personnel médical qu'il voyait.

C'était sa vie, sa maladie et sa maison de retraite, j'ai donc bien vu que ce ne serait pas une bonne idée pour moi de me battre pour lui, contre son gré.

Docteur B. nous avait donné, à moi en tous cas, de l'espoir. Nous pourrions soutenir le corps de mon papa pendant la chimio. Mais de retour à la maison de retraite ce soir-là, mon papa était complètement anéanti. Il avait eu sa première chimio la veille et il avait fait tout un périple jusqu'à Paris. Il avait été un homme fort pendant sa vie d'adulte, mais, ce jour-là, il était physiquement extrêmement affaibli. Nous étions tout de même contents d'être allés à Paris. Nous faisions tout ce que nous pouvions.

Les jours qui ont suivi, mon papa allait un peu mieux, bien que tout de même très affaibli. Assez rapidement, on lui a proposé une chaise roulante. Le chemin pour aller fumer, le couloir à gauche en sortant de sa chambre, puis à angle droit encore une bonne longueur jusqu'à l'ascenseur, ça devenait trop difficile pour lui.

Le jour prévu pour sa seconde chimio, le 18 septembre, nous avons appelé le bureau de l'oncologue pour dire qu'il n'avait pas l'air d'être en état, mais l'oncologue voulait le voir. Une ambulance l'a donc amené et j'ai suivi en voiture pour l'accompagner. J'étais vraiment contente d'être venue parce qu'ils étaient en train de l'appeler pour la chimio et ils étaient sur le point de l'y emmener. J'ai dû intervenir. Je n'en croyais pas mes yeux.

La valeur d'avoir une personne soutien, lorsqu'on est affaibli, n'avait jamais été aussi claire.

L'oncologue nous a invités à entrer. J'ai poussé mon papa dans sa chaise roulante et j'ai donné quelques nouvelles. Il a demandé à mon papa s'il pouvait se laver tout seul. Avant la première chimio, il le pouvait, mais plus maintenant. L'oncologue nous a dit que parfois, ce traitement épuise les gens et que ce n'était pas inhabituel. Il allait juste donner une semaine de plus à mon papa pour reprendre un peu de forces. Ça semblait très sage.

J'ai aussi montré à l'oncologue le protocole que le Docteur B. avait proposé pour soutenir mon papa durant la chimio. L'oncologue avait des réserves, pas très surprenant. Lorsque nous sommes rentrés, j'ai envoyé un email au Docteur B et il a été très réactif. Il m'a appelée à vingt heures ou vingt-et-une heures pour tout m'expliquer : comment la demi-vie de la chimio était telle que les objections de l'oncologue ne tenaient en fait pas. Après environ quarante-cinq minutes de conversation, nous avons conclu qu'à ce stade, je n'avais plus besoin d'un accord médical, j'avais juste besoin de l'accord de mon papa. Ce serait plus facile.

Mais les choses ont commencé à se dégrader rapidement !

Le jeudi 20, mon papa se plaignait d'un mal au dos grandissant. Il avait mal au dos depuis un certain temps, mais cette douleur semblait devenir presque insupportable. Le paracétamol ne suffisait plus et ils sont donc passés à un antalgique de niveau 2, l'IXPRIM. Le personnel médical m'a demandé si j'étais opposée à la morphine, expliquant que ce serait une dose très faible. Ils semblaient me poser la question comme si *j'aurais dû* m'y opposer. J'ai demandé pourquoi j'y serais opposée, je ne comprenais pas. Il était en souffrance et avait besoin d'être soulagé, c'était tout.

Mon ange tombé du ciel, Mathilde, est venue avec moi à la maison de retraite pour voir le médecin et rencontrer mon papa. Elle et moi voulions parler au médecin de la maison de retraite, le Docteur L, pour le convaincre d'accepter le protocole. Il s'est laissé convaincre facilement, mais nous devions trouver une façon de l'administrer qui ne soit pas trop pesante pour le personnel. Nous avons convenu que je préparerais des piluliers et que le personnel vérifierait que mon papa prenait bien ce qui était prévu, chaque jour. Je me sentais soulagée de ce qui semblait être un franc succès.

Vendredi après-midi et avant que je puisse commander le pilulier, mon papa était en proie à des souffrances atroces et le Docteur L. ne revenait que mardi. Je devais faire quelque chose. Un peu frénétiquement, j'ai commencé à passer des appels vers seize heures trente. J'ai essayé d'appeler ma généraliste, mais elle ne répondait pas. Puis à la pharmacie, eux ont essayé d'appeler la généraliste. J'ai appelé son secrétariat qui m'a dit qu'elle était en consultation. Je savais qu'elle finirait par me rappeler. Elle avait rencontré mon papa et je lui faisais confiance.

La pharmacie fermait à dix-neuf heures trente, j'ai donc rappelé une dernière fois trois minutes avant. La généraliste les a finalement appelés sur l'autre ligne pendant que j'étais au téléphone. Elle leur a donné la permission de me donner le patch de morphine si je venais directement à son cabinet chercher l'ordonnance. Je suis montée dans ma voiture et je me suis précipitée à la pharmacie. La pharmacienne avait déjà fermé les volets roulants et elle m'attendait sur le trottoir avec un patch de morphine de douze milligrammes.

Il faut comprendre que, sans la force de ma détermination et la confiance que j'avais gagnée auprès de ces professionnels, cet exploit n'aurait pas été possible. La morphine n'est délivrée que selon un protocole très strict.

Je suis donc allée avec le patch chez la généraliste, pour chercher l'ordonnance, et ensuite j'ai tout apporté à la maison de retraite.

Dans de tels moments, j'avais tellement de gratitude d'avoir traversé ce que nous avions traversé au printemps 2018. Avoir mon papa à deux kilomètres quatre cents de chez moi était un cadeau du ciel.

Je me sentais assez vertueuse, j'avais sauvé la situation pour mon papa. Il était tellement reconnaissant ! Ils ont posé le patch et je l'ai laissé se reposer. Mon homme m'attendait avec patience et amour chez moi.

Le lendemain vers quinze heures, je suis retournée voir mon papa. C'était le samedi 21 septembre 2019 et je garderai longtemps le souvenir de ce jour. C'était peut-être la première fois de ma vie que mon papa m'a vue arriver vers lui et ne m'a pas souri. Il était dans une telle souffrance qu'il ne pouvait pas sourire. Je me suis sentie tellement mal, j'avais été si sûre, et je m'étais sentie si vertueuse, de lui avoir apporté le soulagement. J'aurais tellement aimé qu'on m'appelle pour me prévenir.

Ma généraliste m'avait dit qu'elle pourrait ajouter de la morphine sublinguale. Je l'ai donc rappelée. Elle a donné une prescription par téléphone, j'ai donc pu aller à la pharmacie, pendant leurs heures d'ouverture cette fois, pour apporter à mon papa la dose de morphine supplémentaire. Avec la dose de morphine sublinguale, mon papa a finalement commencé à se sentir soulagé de cette douleur insoutenable au dos.

Nous étions en conversation assis dehors, devant l'entrée de la maison de retraite, quand sa tête a commencé à hocher de façon saccadée. Je me suis inquiétée. J'ai appelé et une infirmière est venue et m'a rassurée : avec le soulagement de la douleur, mon papa se détendait, et comme il n'avait presque pas dormi la nuit précédente, il allait enfin pouvoir récupérer un peu de sommeil. Je suis partie, contente d'avoir pu enfin apporter le soulagement à mon papa – et le sommeil – dont il avait tellement besoin.

Parfois la bataille, que nous bataillons tellement dur, peut se retourner contre nous. La frontière est ténue entre se sentir responsable et se sentir coupable.

ESSAYER DE LÂCHER PRISE

Dimanche 22 septembre, en début d'après-midi, je suis retournée voir mon papa. Il m'a reconnue et nous avons papoté un peu. Malheureusement, il était assez sonné et j'avais besoin de son accord pour commencer ce protocole qui pouvait lui sauver la vie. J'ai pu tout lui expliquer et il a marqué son accord, mais je n'étais pas sûre de pouvoir m'en contenter. Il était très somnolent et s'est rendormi rapidement. Je suis donc rentrée chez moi, me disant que je pouvais revenir plus tard.

Je suis revenue vers vingt heures. Il s'est réveillé et était content de me voir, mais ne se souvenait pas de m'avoir vue quelques heures auparavant. C'était un vrai passage à vide pour moi. Je venais de perdre la communication avec mon papa. Mon cher papa, avec qui j'avais toujours pu parler de tout. Mon cher papa qui était presque comme un meilleur ami, mon plus fervent supporter, mon soutien indéfectible, disparu, en un clin d'œil ! Il n'y avait plus de communication possible. Était-ce la fin ? Mes pensées allaient à toute allure, mes larmes coulaient et coulent encore en écrivant ces lignes. Quel changement affreusement rapide !

J'ai appelé ma généraliste pour lui raconter tous les événements des dernières heures et elle m'a dit que la dose de morphine pouvait être augmentée pour que le débit de morphine dans son organisme soit plus stable. J'étais un peu rassurée et je me suis dit « Bon… je vais rentrer chez moi et j'espère que demain ira mieux… »

J'espère toujours que demain ira mieux quand aujourd'hui est difficile. Certains jours, ça demande plus de niaque que d'autres. C'était un de ces jours-là.

Je me sentais triste, tellement, tellement, tellement triste, tellement très très triste… Je me suis reconduite chez moi.

J'ai trouvé un petit réconfort en partageant les nouvelles dans ma newsletter bilingue. Certaines personnes ont envoyé des réponses optimistes, d'autres étaient plus pessimistes, mais je trouvais les deux décourageants ce soir-là. Je ne voulais pas de prédictions. Je n'étais sûre que de ce qui était en train de se passer, *maintenant.* Et j'attendrais le prochain *maintenant,* et le prochain et le prochain.

Pour la première fois de ma vie, je ressentais une profonde, profonde tristesse, que je ne pouvais pas partager avec mon papa. Et c'était par mes propres actions consciencieuses et bien intentionnées qu'il se retrouvait dans cet état-là. C'était peut-être ça être une grande personne, mais qu'est-ce que ça pouvait faire mal !

Le seul baume sur mon cœur endolori venait des messages de soutien que je recevais de tellement d'amis et de membres de ma famille, qui lisaient mes emails (ce sont ces emails qui plus tard sont devenus l'inspiration pour ce livre).

Une nouvelle semaine commençait, lundi 23 septembre. Mon papa dormait quand je suis venue le voir l'après-midi donc je suis rentrée chez moi. J'y retournerais plus tard. Mais alors que j'étais chez moi, j'ai reçu une notification : les résultats de sa prise de sang étaient prêts. L'oncologue avait prescrit des prises de sang hebdomadaires et c'est moi qui recevais les emails puisque mon papa ne se mettait plus à son ordinateur. J'avais tous les mots de passe. J'ai donc regardé et ce n'était vraiment pas beau à voir.

Les paramètres du foie avaient explosé, ceux des reins étaient à peine mieux et les autres avaient l'air mauvais aussi, mais je n'étais pas médecin. J'aurais aimé l'avis de l'oncologue, mais à moins qu'il ait un tour de magie dans son chapeau, c'était assez clair que c'était la fin pour mon papa.

Parfois la douleur et la difficulté semblent éclipser le reste.

RESTER ENGAGÉE

J'ai retrouvé un peu de courage et je suis retournée à la maison de retraite. J'ai d'abord parlé aux infirmiers et ensuite je suis montée voir mon papa. Je lui ai parlé de la prise de sang, il avait toujours voulu connaître la vérité. Il n'était pas étonné, il avait bien prédit que c'était la fin quand il avait vu les résultats du scanner. Mon papa n'avait pas peur de mourir, mais il avait peur de la douleur. À ce stade, j'avais pris toutes les mesures nécessaires pour qu'il ne souffre pas trop.

Ce soir-là, ma fille Stella a pu venir le voir. Nous avons appelé Clara en Gambie, par WhatsApp. Mon papa et elle ont partagé des mots émouvants et elle lui a raconté un certain nombre de bons souvenirs qu'elle avait avec lui ; il a aimé les entendre. Il lui a dit qu'elle était le soleil de ses vieux jours (il lui disait depuis sa naissance). C'était un très beau moment. J'ai essayé d'appeler Oscar aux États-Unis, mais il était au travail, il n'a pas répondu.

Quand Oscar a fini par rappeler, mon papa était fatigué de toutes ces interactions donc il a juste dit « Au revoir, Oscar. » Et Oscar a juste dit « Au revoir,

Apain. » Apain était le nom que mes enfants donnaient à leur grand-père.

Ce n'est que beaucoup plus tard que j'ai compris que mon papa disait au revoir pour de bon. J'étais tellement triste pour Oscar qui avait eu un au revoir si bref avec son grand-père. J'en suis encore triste aujourd'hui.

Nous avons aussi essayé plusieurs fois d'appeler Gabrielle à Londres, mais elle ne répondait pas. Mon papa dormait, donc Stella et moi lui avons fait un bisou sur la joue et l'avons laissé dormir.

Ouah, quelle soirée ! Au moins, nous avions pu interagir avec lui. Dimanche, ce n'était en fait pas la fin. Il n'était pas tombé dans une soudaine torpeur pour de bon. Mais consciente de l'imminence de la chose, j'ai déplacé tous mes rendez-vous et, à part pour dormir et prendre mon petit-déjeuner, je prévoyais de rester à ses côtés, à partir de mardi matin.

Le lundi soir, je suis restée aussi longtemps que possible, mais il était temps de rentrer. Je devais emmener ma fille à la maison et aussi dormir un peu.

Je n'avais pas de nouvelles de l'oncologue. J'avais parlé à sa secrétaire, mais elle m'avait vite arrêtée, je devais recevoir l'information d'un médecin qui pourrait me parler en personne. Je n'y croyais pas. J'étais présente à tous les rendez-vous médicaux qui étaient plus qu'un acte technique, je m'occupais de toutes les tâches administratives, j'étais son soutien de confiance et ils ne voulaient pas me parler au téléphone ? J'étais irritée. Je suppose qu'ils ne pouvaient pas savoir que j'avais la capacité de tout entendre.

Le lendemain, mardi 24 septembre, après avoir reprogrammé tout le reste de ma semaine, je suis allée à la maison de retraite vers midi. Mon papa s'est réveillé, m'a vue et m'a souri. Nous avons parlé un peu. Peu de temps après, j'ai enfin pu avoir Gabrielle sur WhatsApp, ils ont pu se parler.

J'ai dit « Tu as parlé avec tes quatre petits-enfants. »

Il a répondu « C'est fantastique ! » et il s'est rendormi. Il se fatiguait vite. Je pense qu'ils avaient doublé les patchs de morphine. Il semblait ne pas avoir mal, c'était bien !

Aux alentours de quatorze heures trente, on a frappé à la porte. C'était le Docteur L. Il apportait la tant attendue opinion de l'oncologue : emmener mon papa à l'hôpital où il travaillait et le perfuser, pour pouvoir maîtriser sa douleur.

Je voyais bien qu'aucun lapin n'allait sortir d'aucun chapeau et qu'il proposait ce qui serait médicalement plus simple : que mon papa meure à l'hôpital tout seul. Ce n'est pas ce que je voulais et je ne pensais pas que mon papa le souhaitait non plus. La scène qui suit est un des moments les plus importants où j'ai été la personne soutien de mon papa.

J'ai d'abord demandé au médecin si je pouvais m'y opposer.

« Vous y opposer ? » s'est-il interrogé tout haut.

Oui. Mon papa avait mal quand on le tournait pour le laver, et maintenant ils voulaient le mettre dans un brancard, descendre deux étages, le mettre dans une ambulance pendant une demi-heure et l'emmener dans un endroit impersonnel où il m'aurait été difficile d'aller le voir ? Je ne pensais pas que c'était une bonne idée et je me suis efforcée d'expliquer pourquoi.

Le docteur s'est agenouillé près de mon papa, proche de son visage, pendant que moi j'étais debout au pied du lit, bien présente avec eux deux. Il a parlé à mon papa de ce que l'oncologue avait dit et lui a demandé ce qu'il pensait. Il utilisait un langage médical un peu alambiqué et mon papa ne répondait pas.

Je suis intervenue : «Pap, je pense que le docteur veut savoir ce que *tu* veux. »

Sans perdre un instant, mon papa a répondu, «Je veux mourir le plus vite possible. »

J'ai avalé ça et j'ai dit «OK, ça, c'est clair. Et tu veux mourir ici ou à l'hôpital ? »

Mon papa a articulé très clairement «Je veux mourir ici. » Il n'y avait aucune ambiguïté possible.

Autant c'était dur de réaliser que mon papa était en train de mourir, autant j'avais une telle gratitude pour le fait qu'il pouvait s'exprimer aussi clairement. Le soutien que je lui ai apporté pour qu'il puisse dire ce qu'il voulait lui a permis de rester dans sa chambre, avec ses affaires, avec les photos de ses petits enfants qui recouvraient les portes de son placard, avec ses cadres préférés aux murs et avec sa fille comme personne soutien dévouée et féroce, à ses côtés pour presque tous ses moments d'éveil.

Mon papa avait parlé. Je l'avais entendu, le docteur l'avait entendu, et surtout, le docteur savait que je savais qu'il avait entendu mon papa. Ce docteur avait un grand cœur, mais comme beaucoup de docteurs, il avait peut-être trop envie de sauver à tout prix. Mais qu'y avait-il à sauver ? Rien ne pourrait sauver mon papa, mais on pouvait au moins préserver sa paix jusqu'à la fin.

Le docteur m'a également posé des questions sur la morphine. On lui avait dit que j'avais participé. Quand j'ai dit que j'avais sollicité l'aide de ma généraliste et de ma pharmacie, il a prononcé ces mots qu'il n'aurait peut-être pas dits s'il avait tourné sa langue dans sa bouche : « Ce serait mieux de ne pas impliquer trop de monde, ça peut devenir difficile à gérer. » Il parlait avec un air de reproche. Je n'en revenais pas, mais j'ai défendu la cause, encore une fois.

J'ai dit « écoutez, mon papa avait mal. À seize heures un vendredi soir, j'ai pu lui trouver la morphine dont tout le monde avait parlé, mais pour laquelle personne n'avait laissé d'ordonnance et j'ai pu lui obtenir du soulagement. J'aimerais qu'on ne me le reproche pas. » Il a tout de suite rétropédalé. Vraiment ? Difficile à gérer ? Pourquoi pas plutôt « Je suis désolé de ne pas avoir laissé d'ordonnance moi-même. » ?

Être un fervent défenseur, c'est parfois faire la différence et parfois être critiqué. Avoir les deux c'est mieux que de n'en avoir aucun des deux.

ÊTRE PRÉSENTE ET AVOIR DU MAL À LÂCHER PRISE

Cet après-midi-là, je suis restée auprès de mon papa. Je pensais vraiment qu'il pourrait mourir ce jour-là. Vers vingt heures, j'avais faim, mais il ne restait rien en cuisine. Je pourrais rentrer manger chez moi, mais je souhaitais rester encore. Je me suis demandé « Qui pourrais-je appeler ? » J'ai alors tout de suite pensé à Martine. Martine est une compatriote belge que je connaissais depuis longtemps. Elle venait régulièrement à la maison de retraite avec une amie, pour soutenir les résidents dans la foi. Nous ne nous étions jamais beaucoup parlé, mais je l'avais croisée quelques jours auparavant et elle m'avait dit de l'appeler si j'avais besoin de quoique ce soit… Elle avait souligné *quoi que ce soit*. Eh bien ! J'avais besoin de nourriture, et sans doute encore plus de compagnie. J'ai appelé Martine et je lui ai juste dit que je pensais me souvenir qu'elle avait dit que si j'avais besoin de quelque chose… Elle était contente que j'appelle et une demi-heure plus tard elle était là, avec un pique-nique. Nous avons mangé ensemble sur le bureau de mon papa, devenu inoccupé, et nous avons parlé de la perte d'êtres chers. Son mari et elle avaient partagé un amour profond et ils avaient été proches jusqu'à la fin. Elle comprenait ce que ça voulait dire de dire au revoir à quelqu'un qu'on aime. Cette soirée inattendue avec Martine, que je ne connaissais que de loin, a apporté une chaleur bienvenue dans un moment autrement sombre et froid.

En fin de soirée, mon papa respirait encore et il était temps pour moi de rentrer chez moi pour dormir.

C'était étrange, quand j'étais avec mon papa, je me sentais en paix, mais quand je me retrouvais chez moi, j'étais fébrile, inquiète qu'il meure en mon absence. J'étais très consciente que je ne maîtrisais pas le moment de son décès, donc il fallait bien que je m'y fasse. Et pourtant, j'avais peur qu'il meure en mon absence.

Cependant, je devais dormir, faire ma routine matinale et manger un petit-déjeuner. Je devais me restaurer ; je vivais des dures journées, mais je ne les aurais manquées pour rien au monde.

Le lendemain matin, mercredi 25 septembre, je suis allée reprendre ma place pour être là pour mon papa ou pour être là où j'avais besoin d'être, pendant que mon papa était en train de mourir. Les deux étaient vrais. Je suis arrivée avec mon ordinateur, des choses à faire, des choses à grignoter. Au moins j'étais près de mon papa, pour attraper ses moments d'éveils et les sourires tellement doux qu'il m'adressait.

C'était bon d'avoir ces temps paisibles avec lui et nous nous étions déjà tout dit.

En fait, quand je lui demandais s'il avait encore quelque chose qu'il voulait me dire, il disait que non, et il ajoutait « Je t'aime. » Il avait considéré que c'était la chose la plus importante qu'il devait accomplir en tant que papa : s'assurer que je sache qu'il m'aimait. C'était le cas. Ça, il l'avait parfaitement maîtrisé.

Quelqu'un de l'équipe médicale m'avait dit lorsque j'étais arrivée que les patchs de morphine avaient été triplés, que c'était le maximum qu'on pouvait lui donner.

Quelques mois auparavant, mon papa avait exprimé à son généraliste son regret d'avoir quitté la Belgique, où l'euthanasie était légale. Il y avait des protocoles à suivre, mais c'était légal. En France, l'euthanasie n'était pas légale en 2019, mais on pouvait proposer une sédation profonde. Donc il y avait une quantité de morphine que mon papa pouvait avoir et c'est ce qu'il recevait. Ceci ralentirait ses organes et accélérerait probablement son décès, un souhait qu'il avait exprimé en conscience au Docteur L, le médecin référent de la maison de retraite.

Je dois dire que j'avais trouvé le généraliste de mon papa assez inutile ces derniers mois. Tout ce qu'il faisait était de donner des prédictions pessimistes à mon papa, qui les partageait. Ça marchait bien pour lui, mais pas pour moi. Cependant, à cet instant précis, j'appréciais beaucoup qu'il ait respecté les volontés de mon papa.

Cette après-midi-là, nous avons eu une visite. Mon homme est venu et a passé un moment avec nous. Il a parlé à mon papa et lui a dit qu'il pouvait partir en paix. Il lui a dit qu'il s'occuperait de moi et qu'il m'aimait. Mon papa a répondu « Je sais. » C'était un très beau moment. Je lui avais demandé de venir parler à mon papa parce que je pensais qu'il s'accrochait peut-être plus que nécessaire par inquiétude pour moi. Peut-être que je me donnais trop d'importance, mais en tous cas c'est ce que je pensais. Je n'avais bien sûr aucune idée si mon papa se sentait libre de partir ou pas, en cet instant. J'étais juste un peu fébrile face à ce déclin final qui semblait tout à la fois trop rapide et trop lent.

Étonnamment, mon papa gardait son sens de l'humour, malgré tout. Un peu plus tard, pendant que l'infirmière remplaçait les patchs, il lui dit avec humour, en pointant un doigt vers moi « C'est qui celle-là, ce n'est pas une infirmière, qu'est-ce qu'elle fait là ? »

L'infirmière, qui jouait le jeu, sourit et dit « Non, c'est mon assistante. »

Il rétorqua « Ah et elle est bien ? »

Et l'infirmière de dire « Oui, oui. Elle n'est pas mal. »

Mon papa, qui souriait également, a dit « C'est bien, » en me caressant la joue.

Je l'ai remercié pour son sens de l'humour.

Quelques heures auparavant, Clara avait pu lui parler une fois de plus. Ne voulant pas le fatiguer, elle avait dit qu'il ne devait pas répondre, qu'elle voulait juste qu'il écoute. Il avait fait un autre trait d'humour en disant « Ça, c'est bien les femmes ! » Clairement l'augmentation de la morphine soulageait sa douleur et, pendant quelques instants, il avait pu être de nouveau un peu lui-même, lui qui aimait rigoler.

Avec les patchs plus forts en place, j'ai réalisé que nous ne pourrions peut-être plus nous parler. Je lui ai dit quelques mots, qui n'étaient qu'une répétition de choses que j'avais déjà dites, mais je voulais qu'il les entende. Il a juste dit qu'il m'aimait beaucoup. En cet instant, j'ai senti un peu de soulagement, mais je n'avais aucun doute que ma réalité émotionnelle serait multicolore dans les jours et semaines à venir. Je pouvais, néanmoins, seulement franchir une étape à la fois.

Un instant plus tard, j'ai été contredite ! Il bougeait un peu donc j'ai juste dit que j'étais encore là. Fidèle à lui-même, sa réponse a été « Tu n'as rien d'autre à faire ? » et la mienne « Je n'ai rien de plus important à faire ! » Il a à nouveau caressé ma joue et s'est rendormi.

Je n'avais pas encore écrit aux septante (soixante-dix) personnes, qui liraient mes mails, depuis la prise de sang de lundi. Je me suis dit qu'il vaudrait mieux que je les prévienne que la fin était proche.

Jeudi 26 septembre, je me suis installée sur ma chaise, j'utilisais la table roulante de mon papa comme bureau, juste à côté de lui pour pouvoir lui parler ou lui sourire, s'il se réveillait. Alors que je travaillais sur mon ordinateur, j'ai remarqué une bulle d'air qui ne bougeait pas, dans le tuyau qui amenait son urine dans une poche. J'ai cherché sur internet combien de temps on pouvait vivre sans uriner. Pas longtemps. Entre trois et cinq jours maximum.

J'avais des sentiments contradictoires à propos de la fin, comme j'aurais pu m'y attendre. Un mélange de ne pas vouloir qu'il parte et de vouloir que ça se termine ; ce n'était pas une position facile, c'est certain.

J'étais là depuis environ deux heures quand j'ai entendu frapper à la porte. C'était le Docteur L. avec trois femmes, qu'il a présentées comme étant l'équipe mobile de soins palliatifs : une médecin, une infirmière et une psychologue. Ils sont rentrés dans la chambre.

La médecin en soins palliatifs s'est penchée vers mon papa en se présentant et en ajoutant « Bonjour, Mr Weyers, comment allez-vous ? »

Et mon papa, sous l'effet de soixante-quinze milligrammes de patchs de morphine de répondre, en se hissant un peu et en la regardant dans les yeux « Mais très bien quand je vous vois ! »

Je leur ai chuchoté « C'est ce qu'il dit à toutes les femmes quand il a un public. »

Les trois autres personnes dans la pièce étaient amusées. Il était encore bien lui-même dans ce moment extrême ; c'était vraiment touchant.

L'équipe m'a expliqué comment ils travaillaient et comment ils amèneraient l'hôpital dans la chambre, pour que mon papa ne doive pas aller à l'hôpital. J'ai défendu : « Je vous fais confiance pour faire ce que vous avez à faire. J'ai une seule demande. Mon papa a dit, ici, devant moi et devant le Docteur L., qu'il voulait mourir le plus vite possible. Quoi que vous fassiez, je vous demande de garder ça à l'esprit. »

La médecin en soins palliatifs a répondu avec ce qui me semblait être un peu de résistance, expliquant qu'il y avait des choses qu'ils pouvaient faire et des choses qu'ils ne pouvaient pas faire. J'ai poursuivi «Je ne vous demande pas de faire quelque chose en particulier. Je vous demande juste de garder à l'esprit ce que mon papa a demandé, devant le Docteur L. et devant moi. Je vais juste rester ici, autant d'heures par jour que possible et lutter pour que son souhait soit respecté si je le dois. »

Quand j'ai eu fini ma plaidoirie, les trois femmes avaient les larmes aux yeux. J'ai rajouté «Je sais, c'est poignant… »

Lorsque les trois femmes étaient parties, le Docteur L. s'est agenouillé près du lit de mon papa et lui a doucement dit «Au revoir, Monsieur Weyers, j'ai beaucoup appris de vous. »

Quelque chose me semblait un peu étrange dans la façon qu'il avait eue de dire ça… et ensuite j'ai compris. « Ooooh, » j'ai dit, «vous lui parlez comme si vous ne pensiez pas le revoir… » Baissant un peu le regard, il a juste opiné de la tête.

Puisque mon papa n'urinait plus et que le Docteur L. ne reviendrait pas avant cinq jours, il semblait probable qu'il ne le reverrait plus.

J'ai écrit mes emails, un en français et un en anglais, expliquant la situation en cours et prévenant que le temps était compté. Au milieu des aspects émotionnels, je devais aussi résoudre des tâches administratives. Tard la veille, une difficulté avait pu se résoudre juste à temps. Mes parents avaient un compte en banque en Belgique, sur lequel il ne restait presque plus rien, mais qui était encore aux deux noms. J'avais procuration sur ce compte jusqu'au jour où le fait d'avoir un passeport américain était devenu un problème, pour cette banque-là et bien d'autres banques en Europe. Par voie de conséquence, ç'aurait été un cauchemar administratif de clôturer ce compte par-delà les frontières – même entre deux pays européens – sans une procuration et avec mes deux parents décédés.

Par chance, alors que je suivais ce dossier, j'avais été inspirée d'appeler le banquier en Belgique deux ou trois semaines auparavant. Son conseil avait été d'appeler le notaire qui s'était occupé de la succession de ma maman. C'est ce que j'ai fait et le notaire était venu à la maison de retraite pour nous faire signer, à mon papa et à moi, des papiers qui me donneraient une procuration administrative complète. Nous avions pu le faire à peine quelques jours avant que mon papa ne puisse plus signer du tout.

Grâce à ces démarches, j'avais enfin pu clôturer ce compte en Belgique et finaliser la succession de ma maman, juste la veille. Ça me donnait vraiment un sentiment d'imminence d'avoir pu accomplir ces démarches alors que mon papa n'avait probablement plus que quelques jours à vivre, ce dénouement positif était presque incroyable.

Parfois ces aspects administratifs, peut-être anodins pour certains, nous tiennent et nous empêchent de lâcher prise. J'étais donc un peu abasourdie de voir comment celui-ci s'était résolu, à la dernière minute, et ça m'a également aidée dans mon processus de lâcher prise.

Il était en effet temps de me laisser aller à ce tellement important processus de lâcher-prise. C'est plus facile à dire qu'à faire, bien sûr.

Lâcher prise, ce n'est pas facile, mais rester présent autant que possible, à la fin, ça peut en revanche nous aider.

LÂCHER PRISE DANS LA DOULEUR

Ce jeudi soir, j'étais au maximum de ma fébrilité. Avant de partir, j'ai demandé au personnel de dire à mon papa de m'attendre, chaque fois qu'ils iraient le voir. Je les ai appelés avant d'aller me coucher, vers une heure du matin. Et encore une fois quand je me suis levée vers cinq heures. Je me sentais encore fébrile et anxieuse à mon réveil vers dix heures. Malgré tous mes trucs du matin qui m'aidaient à me sentir bien ancrée, ça ne suffisait pas, ce vendredi matin. Mais je devais affronter la journée de toute façon. Je suis enfin arrivée auprès de mon papa vers midi.

Il m'a souri dès que j'ai passé la porte, ce qui m'a un peu apaisée. J'ai appelé ma grande amie Natacha, pour lui raconter ma nuit fébrile, comment je voulais être là quand il rendrait son dernier souffle, et tout ce qui se passait dans mon cœur et dans ma tête et comme ça tourbillonnait. Nous étions amies depuis 1980, je savais donc qu'elle pouvait entendre tout ce que je traversais.

Un peu curieusement pour moi, elle a dit avec une autorité qui ne lui était pas tout à fait caractéristique,

que je devais *juste lâcher prise*. Je savais qu'elle avait raison, mais comment fait-on ?

Eh bien je ne peux pas vraiment dire comment je l'ai fait. Tout ce que je peux dire c'est que j'ai eu une forte intention de lâcher prise. La nuit suivante, j'ai dormi toute la nuit, il semblerait donc que j'avais lâché *quelque chose*.

Samedi 28 septembre, comme tous les jours de cette semaine, je suis retournée auprès de mon papa. La veille, ma fille Gabrielle était arrivée de Londres en soirée. J'étais contente de l'avoir à mes côtés. Nous pourrions veiller sur mon papa ensemble. Sa présence était très calmante et apaisante, alors qu'elle faisait un croquis de nos derniers moments ensemble.

Dimanche matin, le 29 septembre 2019, j'ai vécu l'expérience opposée par rapport aux jours précédents. J'étais un peu étonnée de me sentir paisible à la maison le matin ; je me suis même entendu penser que j'étais prête à ce que mon papa meure. Quelle étrange expérience !

Mais dès que je suis arrivée près de lui, je me sentais de nouveau plus fébrile. En arrivant dans la chambre de mon papa, je savais que la fin était proche, j'ai donc immédiatement pensé que ce serait mieux d'écrire encore une fois à tous nos proches avant de leur annoncer son décès. Sa respiration devenait moins profonde et il n'avait pas uriné depuis trois jours.

J'ai donc commencé à écrire mon email en français ; pendant que j'écrivais, sa respiration est devenue plus erratique, il haletait, restait en apnée, respirait de nouveau plus rapidement. J'ai pensé, « Il vaudrait mieux que j'aie le temps d'écrire mes deux emails ! » C'est vrai, je peux parfois être un peu têtue sur la façon dont je veux que les choses se passent. Je voulais prévenir les gens *et* je voulais pouvoir passer encore du temps avec mon papa. On aurait pu croire que je cherchais à contrôler la situation ! Alors j'ai tapé aussi vite que je pouvais. J'ai envoyé l'email en français. J'ai ouvert un autre email et j'ai traduit ce que je venais d'écrire. J'ai eu plusieurs frayeurs. La respiration de mon papa devenait de plus en plus erratique. Je voulais finir mes emails, mais que mon papa rende son dernier soupir *pendant* que j'écrivais, ce n'était *pas du tout* ce que je voulais.

Lorsque j'ai enfin pu envoyer mon second email, j'ai ressenti un profond soulagement. Je me sentais responsable de tenir tout le monde au courant de ce qui se passait. Et je pouvais finalement être vraiment juste avec mon papa ; et avec ma fille qui était en train de nous dessiner ensemble. Je suis tellement contente, maintenant, d'avoir ce dessin ; il capture vraiment bien l'essence de ce moment.

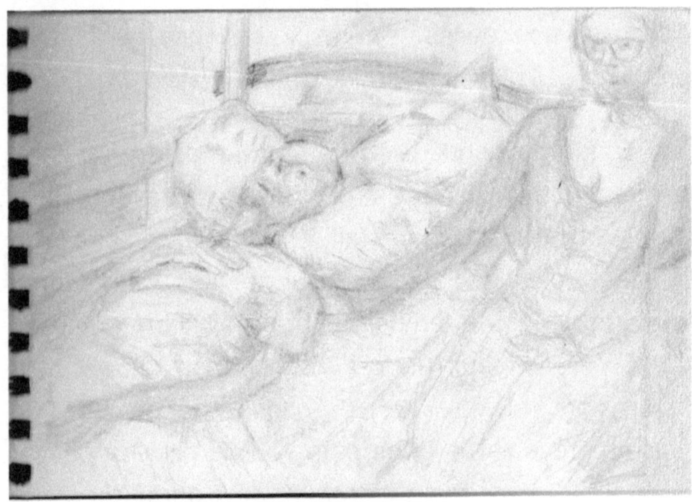

Voici ce que j'ai écrit aux septante personnes environ qui comptaient sur moi pour relayer les nouvelles du front et qui m'étaient d'un grand soutien. Quand j'ai commencé à écrire, il était aux alentours de treize heures trente, le dimanche 29 septembre 2019.

Bonjour,

J'ai espacé les nouvelles, cherchant mon position-nement par rapport à mon papa en train de partir et étant plus présente dans le groupe WhatsApp, de manière plus instantanée.

Depuis jeudi soir, l'évolution de mon papa est lente, mais certaine, il s'éteint progressivement. Ce matin il a la respiration plus courte et un peu plus bruyante. Il m'a souri quand je suis arrivée.

On lui a changé son patch de 75 mcg/h de morphine hier matin et depuis il est majoritairement dans son « délire morphinique » où il est beaucoup question de cigarillos qui sont tombés ou qui manquent, ou qu'il a l'air de vouloir mettre à la bouche. Parfois il m'intègre dedans en s'adressant à moi directement. Comme quand il a dit « Jeff, where's my cigarette? » et juste après en mettant sa main sur mon épaule « Sonia ! » Je lui ai demandé s'il parlait à Jeff, il m'a répondu « Non, à toi, mais où est ma cigarette ? » Avec le recul je me dis qu'on aurait pu lui mettre aussi un patch de nicotine. À propos de nicotine, j'ai appris hier que le Monsieur en chaise roulante qui sortait fumer par tous temps, en bougonnant, avait arrêté de fumer il y a une semaine et l'infirmière qui est venue le dire à mon papa a aussi dit qu'elle pensait que mon papa avait eu quelque chose à voir là-dedans.

Et ce n'est qu'un des nombreux impacts qu'il a eus ici. Tous les gens que je croise, personnel ou résidents, témoignent de leur attachement et leur affection pour mon papa, pour certains développés en fumant ensemble. Il les a marqués selon le cas par son amabilité, son intelligence, sa culture, sa serviabilité, sa bonne humeur, sa façon d'accompagner ma maman et d'autres choses peut-être encore. Je constate qu'il a vraiment été bien entouré ici, et avec la proximité de chez moi en plus, c'était finalement un très bon endroit pour lui pour finir sa vie.

Si j'en crois vos témoignages, il a impacté vos vies également. Ce qui me surprenait toujours avec lui c'est qu'il était lui-même toujours surpris de comment les gens étaient gentils avec lui.

Pour ma part, j'ai passé une semaine transformatrice, jeudi soir et toute la nuit j'étais fébrile à l'idée qu'il parte quand je n'étais pas là, vendredi j'ai pensé que ça allait être le jour, en plus on était à 443 jours de ses 80 ans et 443 est un nombre premier. Il aurait aimé, je pense. J'ai finalement lâché quelque chose, avec pour preuve une excellente nuit vendredi soir et je ne prends plus d'anxiolytiques depuis sauf au coucher, comme assurance. Hier Gabrielle est arrivée de Londres, elle est arrivée à temps et nous avons pu pleurer, sourire et même rire ensemble auprès de lui.

Ce matin, j'ai inversé quelque chose (après avoir renversé le jus d'orange dans le frigo de mon papa hier et laissé tomber un œuf dans ma cuisine ce matin). Depuis mardi, j'étais sereine auprès de mon papa, investie de ma mission de veiller à ce qu'on respecte sa volonté exprimée et celle de l'accompagner de mon mieux. Par contre chez moi j'étais beaucoup plus fébrile, parfois angoissée. Ce matin, c'était le contraire, tranquille chez moi et plus angoissée en arrivant auprès de lui, voyant le déclin depuis hier et la promesse de fin qu'il contient. Mais dans ma cuisine ce matin, je me suis dit que j'étais prête à ce que mon papa meure. Ça m'a fait tout drôle de penser ça. Auprès de lui, c'est un peu différent, mais finalement pas tant que ça.

Hier soir on a partagé quelques moments merveilleux alors que tout l'après-midi j'ai pensé que c'était fini. Son visage s'est totalement illuminé quand Jessie (une dame de la nuit) est arrivée avec sa bonne humeur lui faire un bisou et quelques papouilles. Il a tendu la main vers elle et s'est hissé un peu pour lui faire un bisou. C'était tout beau. Il a aussi eu 2-3 moments de reconnaissance avec moi et aussi avec Gabrielle. Et Clara a participé aussi en demandant qu'on lui fasse écouter « Cucurucucu Paloma » de **Habla Con Ella** d'Almodovar, il l'avait beaucoup chanté à Clara. Il a vraiment aimé, il a écouté, il a souri, et a eu l'air ému. Quand j'ai dit que c'était de la part de Clara, il a eu l'air de la chercher dans la chambre.

Voilà. On dit que sans boire on ne peut pas vivre beaucoup plus que 3 jours. On y est, là.

Mon prochain message sera sans doute bref, annonciateur de l'inéluctable, après une descente spectaculairement rapide.

Je vous embrasse et vous remercie pour votre affection.

Sonia.

Après l'envoi de mes emails, je me suis installée près de lui, ma tête sur son traversin. J'avais installé de quoi me reposer : une chaise face à son lit pour mes fesses, un tabouret pour mes pieds, et le traversin au milieu duquel il avait sa tête, qui laissait une place pour la mienne.

À un moment, j'en ai soudainement eu marre. Ça m'a pris comme ça, en un instant. Tout d'un coup, j'avais vraiment envie de rentrer chez moi. Je l'ai envisagé un moment, ça avait tout de même été une longue semaine.

Et juste à ce moment-là, un souvenir m'est revenu :

On est le 26 février 2006, je suis en plein travail pour mon quatrième enfant, Stella. Les contractions sont vraiment fortes et je viens de perdre les eaux dans la chambre où je m'étais installée quelques heures auparavant. Ils allaient provoquer l'accouchement le lendemain matin parce qu'il y avait une fuite de liquide amniotique qui posait un risque d'infection. Ma chambre est littéralement juste au bout du couloir avec les salles d'accouchement, donc je décide de marcher plutôt que d'attendre une chaise roulante.

J'avais l'habitude des accouchements naturels ; c'est ce que je voulais. Eh bien la marche, juste après avoir perdu les eaux, m'a propulsée dans la phase de transition. J'ai eu trois contractions vraiment fortes en parcourant ce tout petit couloir jusqu'à la troisième salle d'accouchement.

Je suis enfin debout devant l'entrée de la salle d'accouchement quand une contraction vraiment forte arrive. Je m'appuie sur l'épaule de mon mari pour traverser cette contraction et je vois la sage-femme juste là qui me regarde. Je lui dis « Pourquoi je voulais un accouchement naturel, déjà ? » Elle me répond « Ça, je ne sais pas ! Mais ce que je sais, c'est que ça ne va plus durer très longtemps. »

Ça, c'est le souvenir qui me revient, dimanche 29 septembre 2019, alors que je suis au chevet de mon papa pour le septième jour consécutif.

Ce n'est pas facile d'être face à la mort imminente. Il n'y a aucun doute là-dessus.

LÂCHER PRISE EN PAIX

Ma pensée suivante a été « Ça, ça veut dire encore un peu de patience. » Je me suis donc installée sur mon lit de fortune, j'ai posé ma tête au bout du traversin de mon papa et j'ai mis ma main gauche sur son épaule.

Vingt minutes plus tard, mon papa a rendu son dernier soupir.

J'ai sangloté pendant une ou deux minutes. Puis assez rapidement, j'ai ressenti de la paix et du soulagement. Il me manquerait, je le savais, mais la lutte était terminée. Il était libéré de ses douleurs, de son mal au dos et du profond chagrin dans son cœur.

Il me manquerait, c'était une certitude, mais j'allais aussi récupérer ma propre vie.

J'avais donné tout ce que je pouvais pour être aux côtés de mes parents alors qu'ils commençaient à perdre leur autonomie. J'avais été à leurs côtés vraiment à chaque étape. Ça m'avait pris du temps et de l'énergie et ça avait été épuisant. Oui, ça avait été tout ça. Mais ça avait également été riche, de sens et d'expériences, émotionnel et plein d'amour ; j'avais l'immense satisfaction de savoir que j'avais fait tout ce que je pouvais et parfois plus encore.

L'*après* pouvait enfin commencer.

Mon papa était décédé. Son corps était encore là, mais il était complètement immobile. Sa bouche était ouverte, mais il n'en sortait pas d'air.

J'ai pris des photos. Je suis toujours en faveur d'être vraiment avec ce qui est ; aucune partie de moi ne souhaite être dans le déni. Ceci m'a tellement aidée ces deux années durant lesquelles j'ai vu mes deux parents décliner et disparaître ; d'abord ma maman et ensuite mon papa.

Un événement après l'autre, une mauvaise nouvelle après l'autre, j'étais présente à ce qui était. Être avec ce qui était à chaque instant comprenait son lot d'émotions difficiles, qui semblaient parfois trop à supporter. Mais c'était ce que c'était… donc même si ça semblait trop lourd à supporter, rester en présence m'a montré que c'était, comme tout le reste, transitoire. Les moments les plus difficiles ont une fin, tout comme les meilleurs.

Donc, dimanche 29 septembre 2019, mon papa est mort. J'avais eu si peur de ce moment quand j'avais treize ou quatorze ans. Mon papa adorait fumer, boire du vin et il mettait un peu de pain sous une épaisse couche de beurre (comme je le lui disais en ironisant) — toutes ces choses dont on disait qu'elles étaient mauvaises pour la santé. J'avais peur de le perdre prématurément.

Bien qu'il ait fait partie de ma vie pratiquement quarante ans après ce moment, d'une certaine manière la mort est toujours prématurée. Bien que nous n'ayons rien de non résolu, nous avions toujours quelque chose de nouveau à partager et ça, nous ne l'aurions plus — moi je ne l'aurais plus. Il n'y aurait pas d'autre voyage en Belgique pour aller voir sa famille et ses amis ensemble. C'était tellement super d'avoir pu faire ce voyage et que tout le monde l'ait vu en si bonne forme. C'était aussi plus dur pour eux, puisque sa mort, si rapidement après, était par conséquent un réel choc.

Son plus vieux copain Marco était venu de Belgique pour le voir, juste après le diagnostic du cancer, avant que la chimio ne commence. Ces deux-là étaient allés à l'école ensemble au Congo belge, quand ils étaient enfants, ça faisait un bail. Marco avait voulu venir voir mon papa quand il était encore bien, la chimio allait forcément l'affecter lourdement. Nous ne soupçonnions pas alors que Marco ne l'aurait pas revu du tout s'il avait attendu que la chimio commence. Tout s'est passé tellement vite que c'était un peu vertigineux.

Ses grands amis Gino et Bettina, qui habitaient aux États-Unis, avaient un billet d'avion pour venir le voir début octobre. Ils ne sont pas arrivés à temps.

La fin est venue si vite, si épouvantablement vite, mais nous y étions.

Juste à côté du chagrin de la fin se trouve la possibilité de soulagement, d'achèvement et de passage à autre chose.

Cinquième Partie

AUCUN REGRET

TROUVEZ UNE FAÇON D'ÉVITER LES REGRETS, POUR ÉVITER DE LEUR CONSACRER VOTRE VIE

J'ai en fait beaucoup apprécié de pouvoir être avec mon papa pendant toute la semaine. J'avais mis de côté tout le reste de ma vie, à part dormir, manger et métaboliser mes expériences. Et il y a eu beaucoup de matière pour une semaine. Mais d'être là, en présence de la succession des événements, m'a permis de préparer mon deuil. J'allais pleurer, mon papa me manquerait énormément — je n'avais aucun doute là-dessus ! Mais d'avoir passé la semaine à ses côtés me garantissait une chose : je n'aurais pas de regrets.

Avoir des regrets, c'est un tel gâchis de vie ! J'ai toujours vécu ma vie avec l'idée d'éviter les regrets. Je prendrais les meilleures décisions possibles et puis je me souviendrais que c'était ce que j'avais fait. Mais même avec les meilleures intentions, parfois un regret s'immisce quand même, mais pas cette fois.

Vivre le chagrin et le deuil ce n'est pas pareil que de regretter.

DEVENIR UNE ORPHELINE ADULTE

De nouveau, j'avais des obsèques à prévoir.

C'étaient les secondes que j'avais à organiser en 2019… Mais au moins pour les funérailles de ma maman, j'avais l'aide de mon papa. Cette fois-ci, je devrais me débrouiller toute seule. Je suis une bonne organisatrice, mais ce serait plus dur cette fois que pour bien d'autres choses. Pourtant, je me sentais majoritairement en paix. J'étais en présence de l'immense bienfait du déménagement de mes parents près de chez moi, quinze mois auparavant. Tous les bons moments avec mon papa, depuis le décès de ma maman, vivaient en moi comme une véritable bénédiction.

L'une après l'autre, j'ai accompli les tâches nécessaires quand quelqu'un décède : aller chercher le certificat de décès, l'envoyer aux banques, à la compagnie d'assurance, à la sécurité sociale et quelques autres institutions. Par chance, la vie administrative et matérielle de mes parents avait déjà été réduite à sa plus simple expression les mois précédents. Leur maison avait été vendue en février, leur argent était entre une banque en Belgique et une en France, et ils avaient quelques meubles dans une maison de retraite.

J'avais de la gratitude pour le fait que le gros boulot de vider la maison en Belgique fasse partie du passé. Ce que j'avais déjà fait allait me faciliter la vie.

J'ai tout préparé pour les obsèques. Mes enfants sont rentrés de trois continents différents et nous avons chacun choisi une chanson. Mon papa aimait chanter. Il fredonnait certaines chansons en regardant ses petits-enfants avec amour. Certaines de ses préférées étaient « Where have you been, my blue-eyed son, where have you been, my darling young one, » *A Hard Rain-s A Gonna Fall* de Bob Dylan, « Come gather 'round, people wherever you roam and admit that the waters around you have grown, » *The Times They Are A-Changin'* de Bob Dylan, « Cucurucucu, palo-o-oma, » qu'il avait entendu dans le film *Hablo con Ella* de Pedro Almodovar et « C'est à travers de larges grilles que les femelles du canton contemplaient un puissant gorille sans souci du qu'en-dira-t-on, » *Le Gorille* de Georges Brassens.

Mon papa adorait sa musique. J'avais chanté un solo en concert, deux semaines avant son diagnostic fatidique. Il m'avait conseillé le chant que j'avais choisi et j'avais aimé le chanter pour lui. J'ai donc choisi l'enregistrement de ce chant à ce concert, pour la cérémonie pour mon papa.

Le 7 octobre, mes enfants sont arrivés. Nous avons choisi des photos ensemble. C'était vraiment bien d'avoir mes quatre enfants avec moi pour dire mon dernier adieu à mon papa. Je pense que c'était bien, pour eux aussi, de dire leurs derniers adieux à leur Apain.

« Apain » était le nom que mes enfants donnaient à leur grand-père. Une très jeune Clara avait essayé de dire « copain », mais elle l'avait prononcé « Apain. » Mon papa était vraiment son copain cette année-là, durant laquelle Clara et moi avions vécu avec mes parents. Ils s'étaient liés de plusieurs façons. L'une d'elles était de dire bonsoir aux plantes dans le jardin, tous les soirs, et il l'avait appelée « le soleil de ses vieux jours » depuis le début. Elle était son premier petit-enfant et elle était un miracle pour lui. Son grand cœur avait de la place pour chaque petit-enfant, à mesure qu'ils arrivaient et personne n'a pris la place de personne d'autre.

Mon papa se proclamait régulièrement l'homme le plus heureux de la terre, et comme preuve de cette affirmation osée, il nommait l'amour qu'il recevait de sa femme, de sa fille et de tous ses petits-enfants. Ça suffisait à son bonheur ! Il avait aussi un profond respect pour chaque personne, indépendamment de sa langue, sa couleur, son origine, sa place dans la société et sa profession, et il était perpétuellement étonné de comme les gens étaient si gentils avec lui. Même à la maison de retraite, il était étonné que le personnel soit si gentil avec lui. Il ne voyait pas qu'il récoltait ce qu'il semait. J'avais essayé de lui montrer qu'il traitait tout le monde avec tellement de considération et la plupart des gens n'en ont pas l'habitude. Il ne voyait pas ce qu'il contribuait aux autres. J'ai toujours souhaité qu'il le voie, mais ce n'était pas important pour lui. Il continuait à s'émerveiller, avec un soupçon d'incrédulité, de comment les gens étaient si gentils avec lui.

Pour les obsèques, un petit groupe de proches était là, familles et amis venant de Belgique et de Suisse. J'avais préparé une soupe, des omelettes et du pain, en quantité suffisante pour tout le monde, simplement, mais efficacement.

L'estomac plein, nous étions prêts à aller au funérarium pour faire nos derniers adieux avant que le cercueil ne soit fermé. C'était bon de voir mon papa bien habillé et l'air paisible, sa douleur visiblement disparue. Il n'y avait plus de vie, bien sûr, mais plus de douleur non plus, et c'était important.

J'ai passé un assez long moment avec le corps de mon papa. Après tout, c'était la dernière fois que je verrais son visage. Je ne réalisais pas encore comment ce serait d'être sans lui ; je ne le pouvais pas, évidemment, puisqu'il avait été présent toute ma vie. J'ai donc prolongé un peu le moment avec lui. J'étais orpheline. Je devais l'intégrer. Il y avait quelque chose de nouveau dans le fait d'être en haut de la lignée, si on peut dire. Et comme enfant unique, j'avais un sentiment de responsabilité et de solitude qui allaient encore prendre de l'ampleur. C'était seulement le début de cette nouvelle phase de ma vie. Les autres m'ont laissé avoir ce long moment seule avec lui.

Nous sommes retournés dans les voitures, pour aller au crématorium. Mon papa avait toujours dit qu'il voulait être incinéré et je ne voyais aucune raison de faire autrement. On pourrait répandre les cendres dans le « jardin du souvenir » comme ils disaient, ou on pourrait revenir plus tard pour chercher l'urne. Les enfants et moi n'en avons parlé que plus tard, mais nous avons tous eu la même idée : ce serait bien de répandre les cendres de mes parents ensemble, à cet endroit sur la côte belge, où durant près de dix ans de la vie de mes enfants, nous avons vécu tellement de moments qui comptaient. Nous avions tous beaucoup de souvenirs là-bas.

Mais tout d'abord il y avait le crématorium. Nous avions la possibilité de faire une courte cérémonie. En plus de la musique, nous avions tous préparé quelque chose à dire. Ensemble, nous avions sélectionné septante (soixante-dix) photos — et encore, c'était en nous retenant.

Dire au revoir convenablement nous permet de passer à autre chose, de commencer à habiter notre nouvelle place dans le monde.

INTENTIONNALITÉ EN CONSCIENCE

Le choix des musiques était intéressant en lui-même. Stella, qui avait alors treize ans, avait d'abord choisi une chanson qui n'avait pas de lien avec mon papa. Quand je le lui ai exprimé, elle a admis avoir d'abord pensé à une chanson que mon papa aimait vraiment : il en chantait souvent des bribes, à sa façon joyeuse. Stella pensait, et elle avait raison, que ce n'était pas nécessairement une chanson d'enterrement. C'était *Le Gorille*, de Georges Brassens, une chanson qui avait été très controversée quand elle était sortie. Mais mon papa l'aimait et j'ai donc dit que nous devrions choisir des chansons de « Apain » plutôt que des chansons d'enterrement.

Et nous avons décidé que ce serait la première chanson. Les personnes qui connaissaient mon papa depuis longtemps ont bien rigolé quand ils l'ont entendue. En fait, c'était vraiment un bon choix !

C'était très touchant de voir quatre personnes de la maison de retraite. Deux membres de l'équipe de jour étaient venus durant leur temps de travail et deux personnes de l'équipe de nuit durant leur temps de repos.

Mon papa avait vraiment fait une forte impression sur les gens de la maison de retraite. Ils semblaient tous tellement l'apprécier, et ils étaient très tristes de sa mort. La cérémonie était très belle, les photos que nous avions choisies passaient bien sa vie en revue, les chansons étaient choisies avec amour et en nous plongeant dans nos souvenirs. Natacha et Gabrielle avaient pris des feuilles et des fleurs dans mon jardin, pour les mettre sur le cercueil. C'était une scène magnifique. J'ai parlé la première, ensuite Clara, puis Gabrielle, et Oscar. Stella n'a pas pu parler ; ses sanglots l'en empêchaient…

Après la cérémonie, quelques personnes sont venues chez moi pour manger et bavarder.

J'avais le cœur chaud de la présence de tous ces gens qui, chacun à leur façon, étaient importants dans ma vie. Une amie chère, voyant la joie sur mon visage, a eu besoin de me prévenir que je sentirais peut-être davantage le vide quand tout le monde serait parti. Je savais qu'elle avait raison, mais, à cet instant, je me prélassais juste dans la chaleur de l'amour qui nous réunissait.

Mes quatre enfants sont restés avec moi quelques jours encore, mais une fois le week-end arrivé, je me suis retrouvée seule.

Je pourrais enfin redémarrer ma propre vie, puisque j'avais tout mis en suspens pendant trois semaines, après avoir déjà mis de côté de nombreuses choses depuis presque deux ans. Tellement de personnes bien intentionnées m'avaient prédit un sérieux contrecoup après cet accompagnement de la fin de vie de mes parents. Cette prédiction semblait raisonnable, même si elle ne me plaisait pas. J'ai alors décidé de rendre visite à mon amie Agnès en Bretagne et de prendre un long week-end pour me reposer. C'était naïf, bien sûr, de penser qu'un long week-end changerait quoi que ce soit, mais c'était un bon début.

Lorsqu'on se rassemble, en conscience, pour rendre hommage, la chaleur d'être ensemble donne de la force pour affronter le froid de la solitude.

IMPOSSIBLE, VRAIMENT ?

Les deux dernières années avaient été parsemées de choses qui auraient pu être impossibles, avec moins de détermination et d'engagement.

L'incroyable succession de mauvaises nouvelles, de difficultés rongeuses de vitalité, semblait impossible en elle-même ! Et pourtant nous avons tout traversé, mes parents et moi, parcourant un chemin de près de deux ans que personne n'avait envisagé et qui nous a surpris, nous et ceux qui nous entouraient, à chaque rebondissement.

Mon papa a eu tellement d'opérations, mes parents ont déménagé en maison de retraite à quatre cents kilomètres de chez eux, et leur maison a été vidée puis vendue. Nous avons trouvé des professionnels de santé pour chacun des troubles de mes parents. Mes enfants et moi, dans des configurations diverses, avons profité de nombreux moments avec eux. Nous avons même partagé un repas tous ensemble, alors que deux de mes enfants vivaient à l'étranger.

Tellement de ces moments n'auraient pas existé si je n'en avais pas créé la possibilité dans mon esprit. Ce n'est pas de la magie ; ce n'est pas parce qu'on y pense que ça se passe. Mais ce qui est sûr c'est que si on pense que c'est impossible, ça ne risque pas de se passer.

Le week-end du 15 novembre, je suis partie en Bretagne pour rendre visite à Agnès. Elle avait été une bonne copine dans mon village et elle était retournée dans sa Bretagne natale quelques années auparavant. Je pensais que j'allais me reposer, mais nous avons commencé à parler ; alors que je lui racontais les événements récents, elle a commencé à partager ses souvenirs de la fin de vie de ses propres parents. Nous avons ri et pleuré ensemble.

C'est avec Agnès que j'ai commencé à pleurer, et j'ai continué pendant de longues semaines. Pas en continu, mais plusieurs fois par jour. Mon papa me manquait. Vraiment. Son absence commençait à paraître normale, ce qui la rendait parfois justement plus difficile à supporter. En même temps, la vie commençait à trouver une nouvelle normalité.

Par certains aspects, tout ce que j'avais donné pour mes parents me rendait plus facile d'être en présence de leur absence. Je savais, tout au fond de mon cœur, que j'avais fait tout ce que je pouvais, et plus encore.

Par d'autres aspects, la présence continue, que ce soit de corps ou d'esprit, rendait l'absence encore plus cruelle. Ainsi va la vie.

Si c'est important pour vous, faites-en une réalité ; n'écoutez pas l'impossible. Mais ouvrez l'œil, ce que vous espérez peut prendre des formes inattendues.

ÇA VALAIT VRAIMENT LE COUP

Il nous restait une tâche importante : répandre les cendres de mes parents. J'avais besoin de vérifier encore une fois auprès des enfants pour m'assurer qu'ils ne souhaiteraient pas aller se recueillir dans un cimetière. Peut-être que plus tard dans leurs vies, ils souhaiteraient pouvoir aller passer un moment, face à la trace d'un être cher. C'est une coutume dans la partie du monde où je vis, d'enterrer nos proches et d'aller ensuite leur rendre hommage à intervalles réguliers, entretenir la tombe… Bien que ce rituel ait de la valeur, nous avions une autre idée, qui avait du sens pour nous, intuitivement : répandre leurs cendres, à notre endroit de vacances spécial. Nous avons pris plusieurs jours pour vraiment laisser décanter la décision et, finalement, nous avons tous confirmé que nous aimions bien notre plan.

J'avais déjà réservé un Airbnb juste après le décès de ma maman, puisque nous avions déjà prévu d'aller répandre ses cendres *avec* mon papa. La chambre d'hôtel de mon papa était remboursable, nous avions pris cette option au cas où il ne s'en sentait pas capable. Ou au cas où il n'en serait plus capable du tout...

Le 26 décembre 2019, les enfants et moi sommes montés en voiture. Nous sommes retournés à cet endroit où nous avions passé des vacances avec mes parents, chaque été entre 2008 et 2017. Mon papa avait dit, en 2017, qu'il pensait que ce serait la dernière fois ; ma maman montrait déjà des signes précurseurs de déclin cognitif. Je l'avais un peu rabroué, je n'aimais vraiment pas cette idée. Mais il avait raison ; il avait de très bonnes intuitions.

Nous avions réservé nos appartements respectifs pour 2018, mais quand les choses avaient commencé à se détériorer, j'avais annulé les deux réservations. Ça n'avait vraiment aucun sens pour les enfants et moi d'y aller sans eux.

Aujourd'hui, nous faisions ce voyage, encore un peu comme si nous y allions avec eux, puisque les deux urnes remplies de leurs cendres se trouvaient dans la voiture avec nous. Puisque nous avions eu l'idée de répandre les cendres de ma maman après avoir précédemment décidé de la mettre au columbarium, l'urne avait été scellée.

Oscar et moi avions eu besoin de vrais outils pour l'ouvrir.

En approchant de la frontière, j'ai senti mes yeux se remplir de larmes. C'était la première fois que nous arriverions là-bas sans être accueillis par la chaleur enveloppante de mon papa. Je me sentais très seule. J'avais mes quatre enfants avec moi, mais mes parents étaient tous les deux partis et j'étais seule dans cette génération qui était la mienne. Je l'avais toujours été, mais c'était moins solitaire quand j'avais une génération de chaque côté.

Nous nous sommes installés dans notre Airbnb, avons fait quelques courses et avons passé une délicieuse soirée, juste les enfants et moi. Nous avons cuisiné, nous avons ri, nous avons joué à des jeux de société. Nous avions fait le bon choix.

Le lendemain était le grand jour. Mes cousins Muriel et Marc nous ont rejoints. Ils étaient venus nous voir chaque année, pour l'après-midi et la soirée, durant nos vacances à cet endroit. Ils faisaient donc partie de nos souvenirs. Je les avais aussi invités pour ressentir leur compagnie et leur soutien.

Après notre pique-nique à table, nous nous sommes mis en chemin, avec les deux urnes qui contenaient les restes de mes parents.

Chacune et chacun a pris une poignée de cendres pour la mettre dans l'eau. En boucle, je prenais une poignée de chaque urne et je les lançais dans l'eau en même temps. Ma maman avait toujours aimé nager dans cette eau et elle avait toujours voulu que mon papa y aille avec elle. Il n'adorait pas ça, mais parfois il y allait quand même parce que c'était si important pour elle.

Les actions symboliques ont leur place. Elles nous permettent de métaboliser l'expérience, de donner du sens à certaines choses, plutôt que de rester dans le vide et le questionnement.

Maintenant ils nagent là-dedans, ensemble, pour toujours.

Postscriptum

Le week-end de Pâques, en 2022, alors que je finissais l'écriture de ce livre dans sa version anglaise, j'ai eu la joie et la surprise d'avoir trois de mes enfants avec moi pendant cinq jours. Leur papa a eu le COVID-19, ce qui a retardé leurs plans de voyage ensemble. Nous étions aux petits soins pour notre chatte Zazou, de presque vingt-deux ans. Malgré son grand âge, elle était encore pleine de vitalité. Mais, depuis le mois de janvier, elle avait une infection au fond de la bouche, qui ne guérissait pas complètement. Le vétérinaire m'avait dit que ça pourrait déboucher sur un cancer de la bouche, mais nous n'en avions vu aucun signe et Zazou était encore tellement pleine de vie que cette possibilité était passée à l'arrière-plan.

En avril, Zazou a commencé à avoir du mal à manger ses aliments solides.

Puisque le cabinet vétérinaire était fermé pendant deux semaines, j'ai dû attendre le mardi 19 avril pour appeler, mais j'ai obtenu un rendez-vous pour le jour même. Le vétérinaire a proposé de lui faire une anesthésie générale pour pouvoir bien regarder. Il l'a examinée pour vérifier s'il voyait une tumeur. Il pensait plutôt à un problème dentaire. Il a parlé d'une solution à long terme pour Zazou. J'adorais le son de cette phrase.

Lorsque je suis revenue l'après-midi pour la chercher, le verdict était tombé : notre Zazou adorée, vingt-et-un ans et presque dix mois, avait un cancer de la bouche avancé. La seule chose raisonnable à faire était de la faire euthanasier avant qu'elle ne souffre d'une mort horrible par affamement. C'était un choc.

Il y avait plusieurs possibilités pour la fin et je ne savais vraiment pas laquelle choisir. Quand je lui ai demandé ce qu'il aurait fait si c'était son chat, il a dit qu'il ne l'aurait pas laissée se réveiller. C'était donc à ce point-là !

Je savais que je devais l'emmener à la maison pour que les enfants puissent lui faire leurs adieux. C'est l'option que j'ai choisie. Nous avons tous les quatre passé autant de temps avec elle que nous pouvions, pendant les vingt-quatre heures suivantes. Pour les trois dernières nuits de sa vie, elle en avait passé une avec Gabrielle, une avec Oscar et une avec Stella.

Malheureusement, Clara ne pouvait pas être là. Zazou avait d'abord été *son* chat, mettant même ses bébés au monde dans son propre lit.

Nous avons pris rendez-vous pour la faire euthanasier à 18 h 20.

Pendant la journée, elle a passé du temps sur tous les genoux possibles, même si sa préférence semblait se porter sur les miens. En voyant combien elle dormait, j'ai appelé tous les vétérinaires dont j'ai pu trouver le numéro pour voir s'ils feraient une visite à domicile. Sans succès.

Finalement, Zazou s'est un peu réveillée ; elle a même fait une petite promenade dans le jardin. Nous avons passé toute la journée avec elle, mais le moment a fini par arriver de l'emmener chez le vétérinaire.

Zazou a rendu son dernier souffle sur mes genoux, avec trois de mes enfants autour de moi. Nous l'entourions tous d'amour.

Lorsque nous sommes rentrés à la maison, j'ai immédiatement rangé tous les rappels de sa présence – la litière, les bols pour la nourriture et pour l'eau – pour aider nos cerveaux à intégrer qu'elle n'était plus auprès de nous.

Je m'attendais à un autre deuil difficile, puisque mes émotions me rappelaient celles que j'avais ressenties après le décès de mon papa, deux ans et demi auparavant. Des vagues de profond chagrin montaient à la surface. Puisque j'étais déjà passée par là, je n'avais aucun doute, je pourrais les traverser, cette fois encore.

Le jeudi matin, les enfants ont pu retourner chez leur père et moi, j'avais quelques rendez-vous pour lesquels j'étais parvenue à tenir mes émotions à distance. J'étais vraiment seule dans ma maison et j'étais vraiment curieuse de savoir à quoi ressemblerait l'avenir.

Une véritable surprise m'attendait ! Le vendredi matin, je me suis réveillée, et à la place du chagrin auquel je m'attendais vraiment, j'ai trouvé un sentiment de liberté que je n'avais peut-être jamais ressenti. La sensation d'ouverture dans mon torse était sans équivoque : je me sentais libre.

J'ai réalisé tout d'un coup que j'avais élevé quatre enfants, que j'avais pris soin de mes deux parents à la fin de leurs vies et que je m'étais aussi occupée de Zazou, je lui avais donné une belle vie jusqu'à un âge très respectable (j'avais souvent dit en clin d'œil que dans une prochaine vie, j'aimerais être un chat dans ma maison). Le temps était venu de me concentrer sur ma vie et sur mon business.

**Zazou qui profite du soleil,
durant la dernière après-midi de sa vie.**

Toutes les leçons que j'ai apprises en m'occupant de mes parents semblent m'avoir vraiment aidée à la fin de la vie de Zazou et je pense vraiment qu'elles peuvent vous aider aussi.

La mort a toujours fait partie de la vie. Quand on ose faire face à la mort, ça met en fait encore plus la vie en valeur.

Remerciements

Mon cœur est rempli de gratitude pour toutes les personnes qui ont été présentes à mes côtés, que ce soit physiquement ou en ligne, durant tous ces événements.

Si nous avons interagi durant ces temps troublés, vous savez qui vous êtes. Je m'empêche de remercier chaque personne individuellement, par peur d'oublier l'une ou l'un de vous.

Il y a, cependant, deux personnes que je souhaite remercier spécifiquement. Vous avez toutes les deux été présentes pour tellement de moments critiques, que je ne suis vraiment pas sûre que j'aurais pu faire ce que j'ai fait sans votre soutien. Sheila et Natacha, vous avez ma plus profonde et ma plus sincère gratitude. Vous avez une place spéciale dans mon cœur.

Pour les aspects pragmatiques de l'écriture de ce livre, je remercie à nouveau le personnel de la Self-Publishing School pour vos programmes et vos conseils experts. Je remercie plus particulièrement mon coach Kerk Murray, pour avoir cru en moi à chaque étape du processus.

Merci, Kelly Jo, d'avoir lu une version préliminaire et pour ton soutien pendant que je traversais toute cette période.

Merci Agnès, Christiane, Séverine, Sonia, Lily, Stéphanie, Edwige, et même Marie-Christine, pour la générosité de vos retours en tant que bêta-lectrices.

Merci, Anjet et Mark, pour l'espace que vous tenez avec une magnifique générosité durant vos retraites de *Silence et Travail*. Elles ont ponctué chaque étape des événements et de l'écriture de ce livre, tout d'abord en anglais, et maintenant en français.

Bien sûr, je ressens une immense gratitude pour vous, Clara, Gabrielle, Oscar et Stella, vous êtes réellement ma rose des vents.

POUVEZ-VOUS M'AIDER ?

Merci beaucoup d'avoir lu mon livre !

J'apprécie vraiment tous vos retours et j'aime beaucoup lire ce que vous avez à dire. J'ai besoin de vos commentaires pour améliorer la prochaine version de ce livre, ainsi que d'autres livres que je pourrais écrire. Pourriez-vous prendre deux minutes maintenant, pour laisser une ÉVALUATION sincère sur Amazon, pour que je sache ce que vous avez pensé du livre ?

**https://www.amazon.fr/review/
create-review?&asin=2956107941**

Un grand merci !

Sonia Weyers
Révélatrice de Bonheur
Fondatrice d'Eudokima
https://eudokima.com

Partie I
VOTRE ÉTAT D'ESPRIT

Dans cette première partie, je vous invite à flâner avec moi dans le jardin dont les différentes fleurs constituent l'état d'esprit nécessaire à la poursuite de vos objectifs. Dans la partie II, vous approfondirez les quatre domaines prioritaires pour accroître votre bonheur, et dans la partie III, vous découvrirez une sélection d'activités qui peuvent grandement impacter votre vie.

Dans la partie I, le chapitre 1 traite de motivation ; le chapitre 2 parle d'engagement ; le chapitre 3 aborde vos croyances ; le chapitre 4 est consacré à la persévérance ; enfin, le chapitre 5 fait une synthèse pour créer votre avenir, dans lequel vous aurez le pouvoir de cheminer vers *Votre* Bonheur AUTHENTIQUE.

> « Un voyage de mille lieues commence
> toujours par un premier pas. »
> – Lao-tseu

> « Ose vivre la vie dont tu as rêvé,
> va de l'avant et réalise tes rêves. »
> – Ralph Waldo Emerson

Un peu plus loin, je vous inviterai à prendre des notes. J'ai créé un livret d'activités PDF pour accompagner votre lecture. Vous pouvez le télécharger à l'adresse suivante :

https://eudokima.com/bonheur-pas-à-pas-guide

Vous pouvez également choisir d'utiliser un carnet. Dans ce cas, je vous suggère de choisir un carnet dédié à votre cheminement avec ce livre.

Chapitre 1

TROUVER LA MOTIVATION

Pourquoi ?

Cencez par vous demander « Pourquoi ? » Pourquoi avez-vous décidé de vous aventurer sur ce chemin ? Qu'est-ce qui vous a conduit à commencer ce livre ?

L'ingrédient premier de toute motivation est la réponse à un « Pourquoi ? » Si vous voulez commencer une nouvelle activité ou changer une habitude, vous devez avoir une raison de le faire. Est-ce qu'un aspect de votre vie ne vous convient pas ? Avez-vous un problème à régler ? Ou avez-vous un objectif ? Un rêve ? Quelque chose que vous désirez ardemment, mais que vous n'avez pas encore ?

Réfléchissez. Quand faites-vous quelque chose sans raison ?

Il y a une grande variété de raisons possibles ! Pensez à comment vous passez vos journées, vos semaines. Vous vous levez tous les jours, vous allez au travail, à l'école ou à une activité, et vous faites sans doute des corvées, comme faire les courses ou faire la lessive. Nombreux·ses sont celles et ceux qui considèrent ces occupations comme des obligations. Nous faisons tout ceci parce que nous devons le faire.

Et bien je vous invite à penser un peu différemment, à trouver une motivation pour toutes ces obligations. Je lave mon linge pour avoir des vêtements propres à me mettre. Je fais mes courses parce que j'ai besoin de manger. Je travaille pour gagner l'argent qui me permet de faire des choses. Mais même si vous considérez que vous faites certaines choses par obligation, je vous encourage à penser à certaines choses que vous faites par choix.

Prenez quelques instants maintenant pour penser à quelque chose que vous faites par choix et pensez à pourquoi vous le faites.

Essayez de sentir comment ce « pourquoi » vous donne la motivation pour adopter ce comportement.

Maintenant, prenez le temps de clarifier pourquoi vous lisez ce livre. Ceci a probablement quelque chose à voir avec le souhait de vivre une vie plus épanouissante.

Quoi ?

> « Savoir ce qu'on veut est la
> première étape pour l'obtenir. »
> – Louise Hart

Ensuite, vous devez vous demander « Quoi ? » Que souhaitez-vous tirer de la lecture de ce livre ? Quel est votre objectif ? À quoi aspirez-vous que vous n'avez pas encore ? Prenez quelques instants pour plonger dans ce questionnement. Que souhaitez-vous améliorer dans votre vie, spécifiquement ?

Vous trouvez peut-être votre vie fade et vous cherchez plus d'enthousiasme. Vous souhaitez peut-être vous sentir moins souvent triste ou en colère. Vous vous sentez peut-être seul·e tout en étant entouré·e. Vous souhaitez peut-être juste aller encore mieux. Quelle est *votre* raison spécifique pour lire ce livre ?

Pourquoi maintenant ?

Enfin, pour déterminer votre motivation, demandez-vous « Pourquoi maintenant ? » Que s'est-il passé qui vous a fait ouvrir ce livre ? Y a-t-il eu un événement déclencheur de votre recherche de bonheur, ou est-ce un état persistant qui dure ? Prenez quelques instants maintenant pour penser à ces questions.

J'apprécie beaucoup que vous ayez franchi ce pas en prenant en main votre bonheur et je vous invite à vous apprécier également.

Certain·e·s d'entre vous souhaiterez peut-être avoir une mesure de l'amélioration possible dans votre vie si vous suivez mes recommandations dans ce livre. Si c'est votre cas, je vous suggère de faire le test de l'*Échelle de satisfaction de vie* développé par le psychologue américain Ed Diener. Vous en trouverez une version francophone à cette adresse :

www.psychomedia.qc.ca/tests/echelle-de-satisfaction-de-vie

À l'aide de ce questionnaire, vous pouvez évaluer votre niveau de bonheur actuel, et vous pouvez refaire le test lorsque vous aurez pratiqué certains des changements suggérés dans ce livre pendant environ 3 mois.

Que faire ?

OK, vous avez une meilleure idée de pourquoi vous lisez ce livre et de ce que vous souhaitez en tirer. Et maintenant ? Souvent, même si on sait ce qu'on veut, on peut se sentir perdu si on ne sait pas quoi faire pour y arriver.

> « La folie, c'est de faire toujours
> la même chose et de s'attendre
> à un résultat différent. »
> – Albert Einstein

Si vous souhaitez observer un changement dans votre vie, vous devez changer certains de vos comportements. C'est vraiment aussi simple que ça. Si vous ne voulez rien changer, continuez ce que vous faites. Mais puisque vous êtes en train de lire ce livre, je suppose que vous souhaitez un changement.

Permettez-moi de vous parler un peu de mon propre parcours.

Lorsque j'étais une jeune adulte, j'étais assez déprimée et je n'avais aucune idée de quoi faire pour aller mieux. À première vue, j'avais tout pour être heureuse. Je n'avais pas de problèmes matériels, je n'avais pas subi de maltraitances et tout allait bien à l'école. J'ai beaucoup entendu « Tu as tout pour être heureuse. » Je peux vous dire que c'est particulièrement peu aidant d'entendre cela quand on n'est PAS heureuse.

Ceci augmentait la difficulté de savoir quoi faire. J'avais tout et je n'étais pas heureuse. J'ai entamé une psychothérapie. 30 ans plus tard, le constat est le suivant : j'ai passé à peu près 15 ans en thérapie et j'ai exploré à peu près tous les outils, toutes les approches, tous les enseignements. Je peux honnêtement vous dire que j'ai trouvé un niveau de paix et de satisfaction dont je n'avais pas idée il y a 30 ans.

Je vous guide

Ce livre ne propose pas de thérapie, ne vous méprenez pas, même si je suis bien thérapeute, mais j'ai bien l'intention de vous guider dans des activités et des réflexions profondes qui vous permettront de faire des choix personnels, de choisir des comportements nouveaux et de découvrir ce qui produit l'effet que vous recherchez.

Je n'insisterai jamais assez sur le fait que vous pouvez lire ce livre autant de fois que vous le souhaitez, mais vous verrez les changements espérés uniquement si vous mettez en place de nouveaux comportements.

Dans les pages qui suivent, je vais vous suggérer des actions à essayer. *FAITES-LES !* Je ne promets pas que tout fonctionnera pour tout le monde ni que ce sera facile. En revanche, je vous garantis que si vous n'essayez rien de nouveau, rien ne changera.

Doutes

Vous pouvez bien sûr avoir des doutes : vous pensez peut-être que ceci est un leurre de plus, encore des promesses sans valeur. Vous êtes en droit de penser que cela ne peut pas être aussi simple.

Tout ce que je vous demande, c'est de me laisser une chance. Ce que je vous propose dans ce livre est une collection d'actions possibles qui ont été abondamment vérifiées, certaines à travers de nombreuses études scientifiques et d'autres par leur caractère intemporel. J'ai aussi personnellement expérimenté tout ce que je vous propose.

- <u>Demande #1 :</u> Je vous ferai quelques demandes, dont la première est de suspendre votre jugement tant que vous n'avez pas essayé ce que je vous suggère. Je vous demande donc de m'accorder votre ouverture d'esprit pour la durée de notre parcours partagé dans ce livre.

Curiosité

L'ouverture d'esprit s'enracine dans la curiosité. Revenez à pourquoi vous lisez ce livre. Comment cela serait-il d'obtenir les résultats auxquels vous aspirez ? Que ressentiriez-vous ? Que se passerait-il si vous mettiez effectivement en place de nouveaux comporte-ments ?

Je vous invite à être curieux. Soyez curieux de ce que pourriez découvrir ; curieux des ressources que vous pourriez trouver, en vous, dont vous ne soupçonniez pas l'existence, et curieux de comment votre vie pourrait changer.

Vous êtes-vous déjà demandé, en voyant quelqu'un, ce que cela vous ferait d'être cette personne? Mon objectif est que vous transformiez votre vie de manière à faire l'expérience d'une autre version de vous-même.

Dans le deuxième chapitre, vous explorerez le prochain ingrédient de votre état d'esprit, son carburant : l'engagement.